MARCO POLO

SPRACHFÜHRER RUSSISCH

W0462322

NIE MEHR SPRACHLOS!

Einfach kurz nach dem Weg fragen? Einen netten Plausch mit Einheimischen führen? Die exotische Speisekarte im Restaurant verstehen? Auch in Notfällen blitzschnell reagieren können? In all diesen Situationen ist der MARCO POLO Sprachführer der beste Begleiter für Ihren Urlaub.

Nach Reisethemen geordnet, gibt der Sprachführer schnelle Orientierung und sorgt dafür, dass Sie in jeder Situation die richtigen Worte parat haben und mitreden können.

Für das ganz leichte Gepäck ist der heraustrennbare Spickzettel mit den allerwichtigsten Wendungen perfekt. Und sollten Sie doch mal sprachlos sein: Da helfen die praktischen Zeigebilder ganz unkompliziert weiter.

Viel Spaß auf Ihrer Reise!

www.marcopolo.de/russisch

RUSSISCH

Wie viel kostet es?
Ско́лько э́то сто́ит?
skólka éta stóit?

> EINFACHE AUSSPRACHE

Keine Scheu, einfach loslegen:
Für die korrekte Aussprache sorgt die einfache Lautschrift – bei sämtlichen Wörtern, Begriffen und Formulierungen.

> ZEIGEBILDER

Bilder machen die Verständigung noch leichter. Ob beim Shoppen, im Restaurant, im Hotel oder bei Fragen zum Auto: Unsere Zeigebilder helfen in jedem Fall schnell weiter.

> SCHNELL NACHGESCHLAGEN

VON A BIS Z
Die wichtigsten Themen alphabetisch sortiert: vom Arztbesuch bis zum Telefongespräch.

WÖRTERBUCH
Hier finden Sie die 1333 wichtigsten Begriffe Einfach praktisch!

INHALT

> SPEISEKARTE

Mit Spaß bestellen und mit Genuss essen – denn für Sie ist die Speisekarte in Landessprache ab jetzt kein Buch mit sieben Siegeln mehr.

> VOLLES PROGRAMM

Kultur oder Action, Sprach- oder Kochkurs, Tauchen oder Theaterabend: Formulierungen, die dafür sorgen, dass Ihr Urlaub noch spannender wird.

> WIE DIE EINHEIMISCHEN

Insider Tipps Damit Sie als echter Insider gelten, nicht als Tourist.

BLOSS NICHT!
Hilft, Fettnäpfchen zu vermeiden.

ACHTUNG! SLANG
Einheimische noch besser verstehen!

WORTLOS GLÜCKLICH: ZEIGEBILDER

Farben, Muster, Materialien helfen Ihnen beim Einkaufen. Weitere Helfer für (fast) jede Gelegenheit finden Sie in diesem Sprachführer.

> www.marcopolo.de/russisch

AUSSPRACHE

AUSSPRACHE

Zur Erleichterung der Aussprache sind alle russischen Wörter und Wendungen zusätzlich mit einer einfachen Aussprache (in der mittleren Spalte, in der jeweiligen Kapitelfarbe) versehen.

- Die Buchstaben in der Aussprache werden so ausgesprochen wie im Deutschen.
- Sehr wichtig ist, dass die Betonungsstelle immer eingehalten wird. Die betonte Silbe ist im Russischen und in der Aussprache immer durch ein Akzentzeichen ´ markiert.
- Der Buchstabe y in der Aussprache wird wie ein **u** ausgesprochen, wobei die Lippen nicht gerundet, sondern wie beim **i** gespannt werden.

DAS KYRILLISCHE ALPHABET

Kyrillischer Buchstabe (Name)	Wissensch. Trans-literation	Aussprache
А, а („a“)	A, a	wie dt. **a**
Б, б („be“)	B, b	wie dt. **b**
В, в („we“)	V, v	wie dt. **w**
Г, г („ge“)	G, g	wie dt. **g**
Д, д („de“)	D, d	wie dt. **d**
Е, е* („je“)	E, e	in betonter Stellung wie dt. **je** oder **jä**, in unbetonter Stellung wie dt. **i**
Ё, ё* (Е, е) („jo“)	Ë, ë (E, e)	wie dt. **jo** (ist immer betont)
Ж, ж („sche“)	Ž, ž	stimmhaftes **sch** wie in dt./frz. Garage
З, з („se“)	Z, z	stimmhaftes **s** wie in dt. Sense
И, и* („i“)	I, i	wie dt. **i**
Й, й („i krátkaje“)	J, j	wie dt. **j**
К, к („ka“)	K, k	wie dt. **k**
Л, л („el“)	L, l	„hart“ wie in der Kölner Mundart und in engl. **full**, vor den mit * markierten Buchstaben „weich“, wie **l** und **j** zusammen.
М, м* („em“)	M, m	wie dt. **m**

Н, н („en“)	N, n	wie dt. **n**, vor den mit * markierten Buchstaben „weich“, wie in dt./frz. Champa**gn**er
О, о („o“)	O, o	in betonter Stellung wie dt. **o**, in unbetonter Stellung wie dt. **a**
П, п („pe“)	P, p	wie dt. **p**
Р, р („er“)	R, r	Zungenspitzen-**r**, immer hörbar gerollt, auch im Auslaut, wie span. guita**rr**a
С, с („es“)	S, s	stimmloses **s** wie dt. Stra**ß**e
Т, т („te“)	T, t	wie dt. **t**
У, у („u“)	U, u	wie dt. **u**
Ф, ф („ef“)	F, f	wie dt. **f**
Х, х * („cha“)	Ch, ch	wie in dt. a**ch**, vor i („i“) und e („je“) wie in dt. i**ch**
Ц, ц („ze“)	C, c	wie dt. **z**
Ч, ч („tsche“)	Č, č	wie dt. deu**tsch**
Ш, ш („scha“)	Š, š	wie dt. **sch**
Щ, щ („schtscha“)	Šč, šč	wie dt. **sch** und (i)**ch** zusammen, das t ist meist nicht hörbar
Ъ, ъ („twjórdy snak“)	¨	hat keinen eigenen Lautwert
Ы, ы („y“)	Y, y	wie **u** mit zum **i** gespannten Lippen
Ь, ь * („mjáchki snak“)		hat keinen eigenen Lautwert
Э, э („e“)	Ė, ė	wie dt. **ä**
Ю, ю * („ju“)	Ju, ju	wie dt. **ju**
Я, я * („ja“)	Ja, ja	wie dt. **ja**, in unbetonter Stellung wie dt. **i**

Anmerkungen

- Die mit * markierten Buchstaben zeigen an, dass der vorhergehende Konsonant (außer ж, ц, ч, ш, щ) „weich“ ist, d. h. ein angedeutetes **j** mitgesprochen wird. (In der Aussprache außer vor i als j wiedergegeben)
- Wie im Deutschen werden stimmhafte Konsonanten am Wortende stimmlos ausgesprochen. Wenn ein stimmloser und ein stimmhafter Konsonant in einem Wort nebeneinander stehen, so nimmt meist der erste Konsonant die Eigenschaften des zweiten an. (Diese Veränderungen sind in der Aussprache kenntlich gemacht.)

AUSSPRACHE

- Die russische Kursive verwendet einige Zeichen aus der Schreibschrift.
- Die wissenschaftliche Transliteration wird häufig auf Landkarten und zunehmend auch in deutschsprachigen Büchern verwendet. Sie ermöglicht eine exakte Übertragung der russischen Schreibweise in die Umschrift und zurück.
- Der Buchstabe ё tritt in den meisten russischen Texten als е auf.
- Normalerweise sind in russischen Texten – anders als in diesem Buch – die Betonungsstellen nicht markiert.
- Die Aussprache Russisch steht im Folgenden immer in der mittleren Spalte; im Teil Achtung! Slang und im Wörterbuchteil ist sie in eckigen Klammern angegeben.

Typisch männlich/weiblich ...

Substantive sind …
– männlich {m}, wenn sie auf einem Konsonanten enden.
– weiblich {f}, wenn sie auf а (a) oder я (ja) enden.
– sächlich {n}, wenn sie auf о (o) oder е (je) enden.
Bei Ausnahmen ist das Geschlecht angegeben.

> EXTRABETT IM STADTHOTEL

Ob Sie ein Zusatzbett benötigen oder einen Mietwagen reservieren wollen: Formulieren Sie Ihre Urlaubswünsche per E-Mail oder am Telefon – und gehen Sie ganz entspannt auf Reisen.

BUCHUNG PER E-MAIL*

HOTEL | gastíniza | ГОСТИ́НИЦА

Sehr geehrte Damen und Herren,
vom 24. bis 26. Juni hätte ich gern für zwei Nächte ein Einzel-/Doppel-/Zweibettzimmer.
Bitte teilen Sie mir mit, ob Sie ein Zimmer frei haben und was es pro Nacht, einschließlich Frühstück, kostet.
Mit freundlichen Grüßen

* Bei den beiden E-Mail-Mustern wurde eine lateinische, im E-Mail-Verkehr durchaus gebräuchliche Schreibweise gewählt, damit Sie auch mit Ihrer Tastatur problemlos von zu Hause buchen können.

REISE PLANUNG

Uvazhaemye damy i gospoda,
Ja by khotel m/khotela f zakazat' odnomestnyj nomer/dvukhmestnyj semejnyj nomer/dvukhmestnyj nomer na dve nochi s 24go po 25oe ijunja. Pozhalujsta, soobshchite mne, est' li u Vas svobodnyj nomer i skol'ko on stoit vkljuchaja zavtrak.
S uvazheniem,

MIETWAGEN | prakátny aftamabíl | ПРОКТНЫЙ АВТОМОБИЛЬ

Sehr geehrte Damen und Herren,
für die Zeit vom 20. bis 25. Juli möchte ich gern ab Flughafen ... einen Kleinwagen/einen Mittel-

klassewagen/einen Kleinbus mieten. Mein Rückflug geht ab ... und deshalb möchte ich das Auto dort zurückgeben. Bitte teilen Sie mir Ihre Tarife mit und welche Unterlagen ich benötige. Mit freundlichen Grüßen

Uvazhaemye damy i gospoda,
Ja by khotel m/khotela f vzjat' naprokat malen'kij avtomobil'/srednij avtomobil'/mikroavtobus s 20ogo po 25oe ijulja v aeroportu … Ja vyletayu iz aeroporta …, poetomu hotel m/ hotela f by vernut' avtomobil' tam. Pozhalujsta, soobshchite mne Vashi rascenki i kakie dokumenty mne nado imet'.
S uvazheniem,

FRAGEN ZUR UNTERKUNFT

Ich suche ein schönes Hotel/ Bed and Breakfast in der Altstadt (mit besonders guter Küche).	ja ischú charóschuju natschlég i sáftrak f-stáram góradje (s-asóbinnaj charóschy kúchnji).	Я ищу́ хоро́шую гости́ницу/ночле́г и за́втрак в ста́ром го́роде (с осо́бенной хоро́шей ку́хней).
Ist es zentral/ruhig/ in Strandnähe gelegen?	éta raspalóschyna zyntrálna/spakójna/ nidalikó at-pljáscha?	Э́то располо́жено центра́льно/споко́йно/ недалеко́ от пля́жа?
Wie viel kostet das pro Woche?	skólka éta stóit w-nidélju?	Ско́лько э́то сто́ит в неде́лю?
Hat diese Unterkunft eine Internet- oder E-Mail-Adresse?	jest u-étawa mjésta praschywánija ádriss v intirnjétje íli eliktrónny ádriss?	Есть у э́того ме́ста прожива́ния а́дрес в интерне́те или электро́нный а́дрес?
Hotel/Pension	gastíniza/panssión	гости́ница/пансио́н
Zimmer	nómir	но́мер
Ferienwohnung	kwartíra	квартира

HOTEL/PENSION/ZIMMER | gastíniza/panssión/nómir
ГОСТИ́НИЦА/ПАНСИО́Н/НО́МЕР

> Übernachtung: Seite 68 ff.

Ich suche ein Hotel, jedoch nicht zu teuer – etwas in der mittleren Preislage.	ja ischtschú gastínizu, no ni-ótschin daragúju, skaréje srédnij katigórii.	Я ищу́ гости́ницу, но не о́чень дорогу́ю, скоре́е сре́дней катего́рии.

Ich suche ein Hotel mit …	ischtschú gastínizu s …	Ищу́ гости́ницу с …
Wellnessbereich.	addiljéniim „wjélnis".	отделе́нием „ве́лнес".
Tennisplätzen.	tjénnissnaj plaschtschátkaj.	те́ннисной площа́дкой.
Ich suche ein familienfreundliches/behindertengerechtes Hotel.	ja ischú gastínizu prispasóblenuju dlja inwalídaf	Я ищу гостиницу, приспособленную для семейного отдыха/ приспособленную для инвалидов
Können Sie mir ein ruhiges Zimmer/Zimmer mit Aussicht/Zimmer mit Balkon geben?	móschytje-li wy dat mnje spakójny nómir/nómir s-charóschym wídam/ nómir s-balkónam?	Мо́жете ли Вы дать мне споко́йнный но́мер/ но́мер с хоро́шим ви́дом/ но́мер с балко́ном?
Ist es möglich, ein weiteres Bett im Zimmer aufzustellen?	nilsjá li pastáwit jischtschó adnú krawát w-nómirje?	Нельзя́ ли поста́вить ещё одну́ крова́ть в но́мере?

FERIENHÄUSER/-WOHNUNGEN | dátscha/kwartíra w-ljétnim dómikje
ДА́ЧА/КВАРТИ́РА В ЛЕ́ТНИМ ДО́МИКЕ

Übernachtung: Seite 74 f.

Ich suche eine Ferienwohnung oder ein Ferienhaus.	ja ischtschú kwartíru na-wrjémja ótpuska íli saágorodnyj dom/dátschu.	Я ищу́ кварти́ру на вре́мя о́тпуска и́ли загородный дом (дачу).
Für wie viele Leute soll es sein?	na-skólka tschilawjék?	На ско́лько челове́к?
Gibt es …?	jest …?	Есть …?
ein Kinderbett	détskuju krawátku	детскую кроватку
einen Kinderstuhl	détskij stul	детский стул
eine Küche	kúchnja	ку́хня
eine Spülmaschine	pasudamóitschnaja maschýna	посудомо́ечная маши́на
einen Kühlschrank	chaladílnik	холоди́льник
eine Waschmaschine	stirálnaja maschýna	стира́льная маши́на
einen Fernseher	tiliwísar	телеви́зор
WLAN	waifai	вайфа́й
Sind die Stromkosten im Preis enthalten?	arjénda fkljutschájit stóimast eliktraenjérgii?	Аре́нда включа́ет сто́имость электроэне́ргии?
Werden Bettwäsche und Handtücher gestellt?	pridastawljájitsa li pastjélnaje biljó i palatjénza?	Предоставля́ется ли посте́льное бельё и полоте́нца?
Wann muss die Kaution/ die Miete bezahlt werden?	kagdá náda saplatit salok?/ sa-arjéndu?	Когда́ на́до заплати́ть зало́г/за аре́нду?
Wo und wann kann ich die Schlüssel abholen?	gdje i kagdá móschna búdit wsjat kljutschí?	Где и когда́ мо́жно бу́дет взять ключи́?

> MEHR ERLEBEN

Nur keine Scheu! Der Smalltalk im Café, die Plauderei beim Einkauf, der Flirt beim Clubben – reden Sie drauflos, es ist einfacher, als Sie denken! Und macht die Reise erst so richtig spannend.

BEGRÜSSUNG | priwjétstwije | ПРИВÉТСТВИЕ

Guten Morgen!	dóbraje útra!	До́брое у́тро!
Guten Tag!	dóbry djen!	До́брый день!
Guten Abend!	dóbry wjétschir!	До́брый ве́чер!
Hallo!	priwjét!	Приве́т!
Wie geht es Ihnen?	kak u-was dilá?	Как у Вас дела́?
Wie geht es dir?	kak u-tibjá dilá?	Как у тебя́ дела́?
Und Ihnen/dir?	a u-was/u-tibjá?	А у Вас/у тебя́?

IM GESPRÄCH

ICH HEISSE … | minjá sawút … | МЕНЯ́ ЗОВУ́Т …

Wie ist Ihr Name, bitte?	kak was sawút?	Как Вас зову́т?
Wie heißt du?	kak tibjá sawút?	Как тебя́ зову́т?
Darf ich bekannt machen?	rasrischýtje was pasnakómit!	Разреши́те вас познако́мить!
Das ist …	éta …	э́то …
Frau/Herr …	gaspaschá/gaspadín …	госпожа́/господи́н …
mein Partner/ meine Partnerin.	moj partnjór/ majá partnjórscha	мой партнёр/ моя партнёрша.
Freut mich, Sie kennenzulernen.	ja ótschin rat/ráda pasnakómitsja s-wámi.	Я о́чень рад m/ра́да f познако́миться с Ва́ми.

AUF WIEDERSEHEN! | da-swidánija! | ДО СВИДА́НИЯ!

Tschüss!	paká!	Пока́!
Bis später!	da-fstrjétschi!	До встре́чи!
Bis morgen!	da-sáftra!	До за́втра!
Bis bald!	da-skóraj fstrjétschi!	До ско́рой встре́чи!
Gute Nacht!	spakójnaj nótschi!	Споко́йной но́чи!
Es war schön, Sie/dich kennenzulernen.	býla prijátna pasnakómitsja s-wámi/s-tabój.	Бы́ло прия́тно познако́миться с Ва́ми/с тобо́й.

BITTE | paschálsta | ПОЖА́ЛУЙСТА

Darf ich Sie um einen Gefallen bitten?	móschna was/tibjá paprassít ab-adalschénii?	Мо́жно Вас/тебя́ попроси́ть об одолже́нии?
Können Sie mir bitte helfen?	wy móschytje pamótsch mnje?	Вы мо́жете помо́чь мне?
Gestatten Sie?	rasrischýtje?	Разреши́те?
Bitte sehr.	paschálsta.	Пожа́луйста.
Nichts zu danken.	njé-sa-schta.	Не́ за что.
Mit Vergnügen!	s-udawólstwijim!	С удово́льствием!

DANKE! | spassíba. | СПАСИ́БО.

Vielen Dank!	balschóje spassíba.	Большо́е спаси́бо.
Danke, sehr gern!	spassíba, s-udawólstwijim.	Спаси́бо, с удово́льствием.
Nein, danke!	njet, spassíba.	Нет, спаси́бо.
Das ist nett, danke.	ótschin ljubjésna, spassíba.	О́чень любе́зно, спаси́бо.

ENTSCHULDIGEN SIE!/ENTSCHULDIGE! | iswinítje!/iswiní! ИЗВИНИ́ТЕ!/ИЗВИНИ́!

Tut mir leid(, dass ich zu spät komme)!	iswinjájus, (schto prischól/prischlá slíschkam pósna)!	Извиня́юсь,(что пришёл/пришла́ сли́шком по́здно)!
Schade!	schal!	Жаль!

ALLES GUTE! | fsiwó charóschywa! | ВСЕГО́ ХОРО́ШЕГО!

Ich gratuliere ...	pasdrawljáju ...	Поздравляю́ ...
zum Geburtstag!	s-dnjóm raschdjénija!	с днём рожде́ния!
zum Namenstag!	s-ymininami!	с имени́нами!
Viel Glück!	schtschástja!	Сча́стья!

> www.marcopolo.de/russisch

IM GESPRÄCH

KOMPLIMENTE | kamplimjénty | КОМПЛИМЕ́НТЫ

Wie schön!	kak krassíwa!	Как краси́во!
Das ist wunderbar!	éta tschudjéssna!	Э́то чуде́сно!
Es ist wirklich traumhaft hier!	sdes dijstwítelna tschudésna!	Здесь действительно чудесно!
Sie sprechen sehr gut Deutsch.	wy gawarítje ótschin charaschó pa-nimjézki.	Вы говори́те о́чень хорошо́ по-неме́цки.
Es ist sehr nett mit Ihnen./mit dir.	s-wámi/s-tabój ótschin prijátna.	С Ва́ми/С тобо́й о́чень прия́тно.
ausgezeichnet	atlítschny	отли́чный
freundlich	druschyljúbny	дружелю́бный
lecker	fkússny	вку́сный
schön	krassíwy	краси́вый
hübsch	charóschinki	хоро́шенький

SMALLTALK | ljóchkaja swjétskaja bisjéda | ЛЁГКАЯ СВЕ́ТСКАЯ БЕСЕ́ДА

ZUR PERSON a-sibjé О СЕБЕ́

Wie alt sind Sie/bist du?	skólka wam/tibjé ljet?	Ско́лько Вам/тебе́ лет?
Ich bin 24.	mnje dwázat tschitýrje góda.	Мне 24 го́да.

WIE DIE EINHEIMISCHEN

Insider Tipps

Sommer und Winter

Hat man sich seit einer Ewigkeit nicht mehr gesehen, drückt man das im Russischen poetisch mit „skólka sim, skólka ljet" «ско́лько зим, ско́лько лет» (wie viele Winter, wie viele Sommer) aus.

„Seid gesund!"

Eine Begrüßungsformel für jede Tageszeit und Gelegenheit ist „Sdrástwujtje!" «Здра́вствуйте!» (Seid gesund!). Duzt man eine Person, so heißt es „Sdrástwuj!" «Здра́вствуй!». Lässiger und weitverbreitet ist der Ausdruck „Priwjét!" «Приве́т!» (eigentlich „Gruß"). Er entspricht dem deutschen „Hallo!"

„So long"

Unter guten Bekannten und jungen Leuten ist die lockere Abschiedsformel „Paká!" «Пока́!» (eigentlich „solange") üblich und entspricht in etwa dem deutschen „Tschüss!"

Was machen Sie/ machst du beruflich?	tschem wy sanimájitis?/ ty sanimájischsja?	Чем Вы занима́етесь?/ ты занима́ешься?
Ich bin ...	ja ...	Я …
Ich arbeite bei ...	ja rabótaju u-...; f-...; na-...	Я рабо́таю у … (+gen); в; на … (+präp).
Ich gehe noch zur Schule.	ja jischtschó utschús f-schkólje.	Я ещё учу́сь в шко́ле.
Ich bin Student/in.	ja studjént/ka.	Я студе́нт/ка.

HERKUNFT UND AUFENTHALT praischaschdjénije i pribywánije ПРОИСХОЖДЕ́НИЕ И ПРЕБЫВАНИЕ

Woher kommen Sie/du?	atkúda wy/ty?	Отку́да Вы/ты?
Ich bin aus (Stuttgart).	ja is-(schtúdgarta).	Я из (Шту́тгарта).
Ich bin aus Deutschland.	ja is-girmánii.	Я из Герма́нии.
Sind Sie/Bist du schon lange in ...?	wy/ty usché dólga f-...	Вы/Ты уже́ до́лго в … (+präp)?
Ich bin seit ... hier.	ja sdjes usché ...	Я здесь уже́ …
Wie lange bleiben Sie/ bleibst du?	skólka wrjémini wy prabúditje/ ty prabúdisch sdjes?	Ско́лько вре́мени Вы про- бу́дете/ты пробу́дешь здесь?
Gefällt es Ihnen?	wam nráwitsja?	Вам нра́вится?
Wie ist Ihre/deine E-Mail- Adresse/Handynummer?	kakój twój/wasch ádris eliktrónnaj pótschty/? nomer mabílnawa telefóna?	Какой твой/Ваш а́дрес электро́нной по́чты/ номер мобильного телефона?

FREIZEIT swabódnoe wrémja СВОБОДНОЕ ВРЕМЯ

Was machen Sie/machst du in der Freizeit?	tschem wy sanimájitis/ ty sanimájischsja f-swabódnaji wrémja?	Чем Вы занима́етесь/ ты занима́ешься в свобо́дное вре́мя?
Ich interessiere mich für ... Kunst/Kultur/Architektur/ Design/Fashion	ja intirissújus ... Iskússtwa/Kultúra/ Architiktúra/Disájn/Móda	Я интересу́юсь … (+instr). иску́сством/культу́рой/архи- текту́рой/диза́йном/мо́дой
Sind Sie/bist du auf Facebook?	wy/ty f-Facebook?	Вы/Ты в фейсбуке́?
Haben Sie/Hast du WhatsApp?	u was / U tibjá est WhatsApp?	У Вас/У тебя есть вацап?

Computerspiele	kampjútirnyje ígry	компью́терные и́гры
fotografieren	fatagrafírawanije	фотографи́рование
Freunde treffen	wstrétschi s drusjámi	встречи́ с друзья́ми
Karten-/Brettspiele	kártatschnyje/nastólnyje ígry	ка́рточные/насто́льные и́гры
Kino/Filme	kinó/fílmy	кино́/фи́льмы
kochen	gatówit/prigatówit	готовить/приготовить
lesen	tschitát/pratschitát	чита́ть/прочита́ть
malen	rissawát/narissawát kráskami	рисова́ть/нарисова́ть кра́сками

IM GESPRÄCH

Musik hören	slúschat/paslúschat músyku	слу́шать/послу́шать му́зыку
Musik machen	sanimátsja/sanjátsja músykaj	занима́ться/заня́ться му́зыкой
reisen	putischéstwawat/ paputischéstwawat	путеше́ствовать/ попутеше́ствовать
Sprachen lernen	sanimátsja/sanjátsja jisykámi	занима́ться/заня́ться языка́ми

SPORT sport СПОРТ

Volles Programm: Seite 85 ff.

Welchen Sport treiben Sie?	kakím spórtam wy sanimájitis?	Каки́м спо́ртом Вы занима́етесь?
Ich spiele ... Fußball/Tennis/Volleyball/ Handball/Tischtennis	ja igráju f-... f-fudból/tjénnis/walijból/ gandból/nastólny tjénnis.	Я игра́ю в ... (+akk). в футбо́л/те́ннис/ волейбо́л/гандбо́л/ насто́льный те́ннис.
Ich jogge./ schwimme./ fahre Rad.	ja sanimájus prabjéschkaj./ sanimájus pláwanijim./ katájus na-wilassipjédje.	Я занима́юсь пробе́жкой/ занима́юсь пла́ванием/ ката́юсь на велосипе́де
Ich gehe regelmäßig ins Fitnesscenter/Yoga.	ja riguljárna chaschú f-fitnis-zentr/na jógu.	Я регуля́рно хожу́ в фитнес-це́нтр/на йо́гу.

VERABREDUNG/FLIRT | dagawaritsja | ДОГОВОРИ́ТЬСЯ

Haben Sie/Hast du für morgen schon etwas vor?	u-was/u-tibjá jest usché kakíji-nibut plány na sáftra?	У Вас/У тебя́ есть уже́ каки́е-нибудь пла́ны на за́втра?
Treffen wir uns heute Abend?	fstrétimsja siwódnja?	Встре́тимся сего́дня ве́чером?
Wann treffen wir uns?	kagdá fstrjétimsja?	Когда́ встре́тимся?

WIE DIE EINHEIMISCHEN

Insider Tipp

„Saschalein und Tanjachen"

Sehr verbreitet im Russischen sind Verkleinerungsformen. Nennt man sich beim Vornamen, so wird selten der volle Name verwendet – selbst wenn man sich siezt. Jeder Alexander ist ein Sascha, Schura oder gar Saschenka, jede Tatjana eine Tanjuscha oder zumindest eine Tanja.

Treffen wir uns um (20.00) Uhr vor .../ im ...	dawájti fstrétimsja w dwádzat tschasóf... / w...	Давайте встретимся в 20 часов перед... / в...
Hast du einen Freund/eine Freundin?	u-tibjá jest druk/padrúga?	У тебя́ есть друг/подру́га?
Bist du verheiratet?	ty zhenát/ty sámuzhem	Ты женат?/Ты замужем?
Ich habe den ganzen Tag an Sie/an dich gedacht.	ja wjes djen dúmal a-was/ a-tibjé.	Я весь день ду́мал о Вас/ о тебе́.
Du hast schöne Augen!	u tibjá krassíwyje glasá!	У тебя́ краси́вые глаза́!
Ich habe mich in dich verliebt.	ja f-tibjá wljubílsja/ wljubílas.	Я в тебя́ влюби́лся m/ влюби́лась f.
Ich mich auch in dich.	ja f-tibjá tósche.	Я в тебя́ то́же.
Ich finde dich ganz toll!	ty mne otschén nráwischsja!	Ты мне очень нравишься!
Ich liebe dich!	ja tibjá ljubljú!	Я тебя́ люблю́!
Ich möchte mit dir schlafen.	ja chatschú s-tabój spat.	Я хочу́ с тобо́й спать.
Aber nur mit Kondom!	no tólka s-prisirwatíwam!	Но то́лько с презерати́вом!
Hast du Kondome?	u-tibjá jest prisirwatíwy?	У тебя́ есть презервати́вы?
Wo kann ich Kondome kaufen?	gdje móschna kupít prisirwatíwy?	Где мо́жно купи́ть презервати́вы?
Ich habe keine Lust dazu.	mnje ni-chótschitsja.	Мне не хо́чется.
Bitte geh jetzt (sofort)!	uchadí (nimjédlina)!	Уходи́ (неме́дленно)!
Hör auf!/Hau ab!	piristán!/paschól wón!	Переста́нь!/Пошёл во́н!
Lassen Sie mich bitte in Ruhe!	astáftje minjá f-pakóje!	Оста́вьте меня́ в поко́е!

ZEIT

UHRZEIT | wrjémja pa-tschissám | ВРЕ́МЯ ПО ЧАСА́М

WIE VIEL UHR IST ES? katóry tschas? КОТО́РЫЙ ЧАС?

> Zeitangaben: Umschlagklappe vorne

UM WIE VIEL UHR?/WANN? f-katóram tschissú?/kagdá? В КОТО́РОМ ЧАСУ́?/КОГДА́?

Um 1 Uhr.	f-tschas.	В час.
In einer Stunde.	tschirisch-tschas.	Через час.
Gegen 2 Uhr.	ókala dwuch tschissóf. wjétschira.	О́коло двух часо́в. ве́чера.

WIE LANGE? kag dólga? КАК ДО́ЛГО?

Zwei Stunden (lang).	dwa tschissá.	Два часа́.
Von 10 bis 11.	ad-dissití da-adínazati tschissóf.	От десяти́ до оди́ннадцати часо́в.
Bis 5 Uhr.	da-pití tschissóf.	До пяти́ часо́в.

IM GESPRÄCH

SEIT WANN? s-kakích por? С КАКИ́Х ПОР?

Seit 8 Uhr morgens.	s-wassmí tschissóf utrá.	С восьми́ часо́в утра́.
Seit einer halben Stunde (…).	usché pol tschissá (kak …).	Уже́ пол часа́ (как …).

SONSTIGE ZEITANGABEN | prótschije ukasánija wrjémini ПРО́ЧИЕ УКАЗА́НИЯ ВРЕ́МЕНИ

morgens	útram	у́тром
vormittags	da-abjéda	до обе́да
mittags	f-póldin	в по́лдень
nachmittags	pósslje abjéda	по́сле обе́да
abends	wjétschiram	ве́чером
nachts	nótschju	но́чью
vorgestern	pasaftschirá	позавчера́
gestern	ftschirá	вчера́
vor zehn Minuten	djéssit minút nasát	де́сять мину́т наза́д
heute	siwódnja	сего́дня
jetzt	sijtschás	сейча́с
morgen	sáftra	за́втра
übermorgen	passlisáftra	послеза́втра
diese Woche	na-étaj nidjélje	на э́той неде́ле
am Wochenende	f-kanzé nidjéli	в конце́ неде́ли
am Sonntag	w-waskrissjénje	в воскресе́нье
in 14 Tagen	tschirisch-tschilýrnazat dnjej	через четы́рнадцать дней
nächstes Jahr	f-sljédujuschtschim gadú	в сле́дующем году́
manchmal	inagdá	иногда́
alle halbe Stunde	káschdyje paltschissá	ка́ждые полчаса́
stündlich	jischytschássna	ежеча́сно
täglich	jischydnjéwna	ежедне́вно
alle zwei Tage	káschdyje dwa dnja	ка́ждые два дня
bald	skóra	ско́ро

DATUM | tschissló | ЧИСЛО́

Den Wievielten haben wir heute?	kakóje siwódnja tschissló?	Како́е сего́дня число́?
Heute ist der 1. April.	siwódnja pjérwaje aprjélja.	Сего́дня пе́рвое апре́ля.

WOCHENTAGE | dni nidjéli | ДНИ НЕДЕ́ЛИ

Montag	panidjélnik	понеде́льник
Dienstag	ftórnik	вто́рник
Mittwoch	sridá	среда́
Donnerstag	tschitwjérk	четве́рг
Freitag	pjátniza	пя́тница
Samstag	subbóta	суббо́та
Sonntag	waskrissjénje	воскресе́нье

MONATE | mjéssizy | МЕ́СЯЦЫ

Januar	jinwár	янва́рь m
Februar	fiwrál	февра́ль m
März	mart	март
April	aprjél	апре́ль m
Mai	maj	май
Juni	ijún	ию́нь m
Juli	ijúl	ию́ль m
August	áwgust	а́вгуст
September	sintjábr	сентя́брь m
Oktober	aktjábr	октя́брь m
November	najábr	ноя́брь m
Dezember	dikábr	дека́брь m

JAHRESZEITEN | wriminá góda | ВРЕМЕНА́ ГО́ДА

Frühling	wissná	весна́
Sommer	ljéta	ле́то
Herbst	óssin	о́сень f
Winter	simá	зима́

FEIERTAGE | prásniki | ПРА́ЗДНИКИ

Neujahr	nówy got	Но́вый год
Internationaler Frauentag (8.3.)	mischdunaródny schénski djen	Междунаро́дный же́нский день
Ostern	paßcha (christówa)	Па́сха (Христо́ва)
1. Mai, Feiertag des Frühlings und der Arbeit (1.–2.5.)	pjérwaje mája, prásnik wissný i trudá	Пе́рвое ма́я, пра́здник весны́ и труда́

Feiertag des Sieges über den Faschismus (9.5.)	djen pabjédy	День побе́ды
Tag der Annahme der Erklärung der staatlichen Souveränität der Russischen Föderation (12.6.)	djen prinjátija diklarázy a-gassudárstwinnam suwirinitjétje rassíjskaj fidirázy	День приня́тия Деклара́ции о госуда́рственном суверените́те Росси́йской Федера́ции
Tag der Oktober-revolution (7.11.)	prásnik aktjábrskaj riwaljúzy	Пра́здник Октя́брьской Револю́ции
Weihnachten (7.1.)	raschdistwó christówa	Рождество́ Христо́во
Silvester	nówyj god	Новый год

WETTER

Wie wird das Wetter heute?	kakája siwódnja búdit pagóda?	Кака́я сего́дня бу́дет пого́да?
Es bleibt schön/schlecht.	pagóda astajótsja charóschy/ plachój.	Пого́да остаётся хоро́шей/ плохо́й.
Es wird wärmer/kälter.	patipljéjit/pachaladájit.	Потепле́ет/Похолода́ет.
Es soll regnen/schneien.	búdit doscht/búdit snjek.	Бу́дет дождь/Бу́дет снег.
Es ist kalt/heiß/schwül.	chóladna/schárka/dúschna.	Хо́лодно/Жа́рко/Ду́шно.
Wie viel Grad haben wir heute?	skólka grádussaf siwódnja?	Ско́лько гра́дусов сего́дня?
20 Grad Celsius.	dwázat grádussaf.	Два́дцать гра́дусов.

bewölkt	óblatschny	о́блачный
Ebbe	atlíf	отли́в
Flut	prilít	прили́в
Frost	marós	моро́з
Gewitter	grasá	гроза́
heiß	schárki	жа́ркий
kalt	chalódny	холо́дный
Nebel	tumán	тума́н
Regen	doscht	дождь
Schnee	snjek	снег
schwül	dúschna	ду́шно
Sonne	sónze	со́лнце
trocken	suchój	сухо́й
Überschwemmung	nawadnjénije	наводне́ние
warm	tjóply	тёплый
wechselhaft	niustójtschiwy	неусто́йчивый
Wind	wjétir	ве́тер

> WO GEHT ES NACH …?

Wenn Sie sich verirrt oder verfahren haben oder einfach nicht mehr weiterwissen: Fragen Sie! Dieses Kapitel hilft Ihnen dabei.

WO GEHT'S LANG?

Bitte, wo ist …?	skaschýtje, paschálsta, gdje …?	Скажи́те, пожа́луйста, где …?
Wie komme ich nach …?	kak jéchat f …?	Как е́хать в …?
Wie weit ist es bis …?	kak dalikó da-…?	Как далеко́ до …?
Gehen Sie geradeaus.	idítje prjáma.	Иди́те пря́мо.
Gehen Sie nach links/nach rechts.	idítje naljéwa/napráwa.	Иди́те нале́во/напра́во.

UNTER WEGS

Erste/Zweite Straße links/ rechts.	pjérwaja/ftarája úliza naljéwa/napráwa.	Пе́рвая/Втора́я у́лица нале́во/напра́во.
Gehen Sie über ...	pirijdítje ...	Перейди́те …
... die Brücke.	... most.	… мост.
... den Platz.	... plóschtschat.	… пло́щадь.
... die Straße.	... úlizu.	… у́лицу.
Dann fragen Sie noch einmal.	tam jischtschó ras sprassítje.	Там ещё раз спроси́те.
Sie können den Bus Nr. ... nehmen.	móschyte sjest na-aftóbus nómir ...	Мо́жете сесть на авто́ус № …

AN DER GRENZE

ZOLL/PASS | tamóschnja/páspart | ТАМО́ЖНЯ/ПА́СПОРТ

Ihren Pass, bitte!	wasch páspart, paschálsta!	Ваш па́спорт, пожа́луйста!
Haben Sie ein Visum?	u-was jest wísa?	У Вас есть ви́за?
Haben Sie etwas zu verzollen?	u-was jest tawáry, katóryje náda sapissát w-diklarázyju?	Вас есть това́ры, кото́рые на́до записа́ть в деклара́цию?
Nein, ich habe nur ein paar Geschenke.	njet, u-minjá tólka njéskalka padárkaf.	Нет, у меня́ то́лько не́сколько пода́рков.
Muss ich das verzollen?	náda platít póschlinu sa-éta?	На́до плати́ть по́шлину за э́то?

Ausfuhr	wýwas	вы́воз
Einfuhr	wos	ввоз
Einreise	wjest	въезд
Familienname	famílija	фами́лия
Familienstand	simjéjnaje palaschénije	семе́йное положе́ние
ledig	chalastój/nisámuschym	холосто́й m/неза́мужем f
verheiratet	schynátyj/sámuschym	жена́тый m/за́мужем f
Führerschein	wadítilskije prawá	води́тельские права́
Geburtsdatum	dáta raschdjénija	да́та рожде́ния
Geburtsname	djéwitschja famílija	де́вичья фами́лия
Geburtsort	mjésta raschdjénija	ме́сто рожде́ния
gültig	dijstwítilny	действи́тельный
Nationalitätskennzeichen	mischdunaródny apasnawátilny snak	междунаро́дный опознава́тельный знак
Personalausweis	(apschtschigraschdánski) páspart	(общегражда́нский) па́спорт
Reisepass	sagranítschny páspart	заграни́чный па́спорт
Staatsangehörigkeit	graschdánstwa	гражда́нство
Visum	wísa	ви́за
Vorname	ímja	и́мя n
Wohnort	mistaschýtilstwa	местожи́тельство
Zoll (Abgabe)	póschlina	по́шлина
zollfrei	bispóschliny	беспо́шлинный
zollpflichtig	ablagájimy póschlinaj	облага́емый по́шлино

UNTERWEGS

... MIT DEM AUTO/MOTORRAD/FAHRRAD

WIE KOMME ICH NACH ...? | kak prajéchat da-... | КАК ПРОЕ́ХАТЬ ДО ...

Wie weit ist das?	kak éta dalikó?	Как э́то далеко́?
Ist das die Straße nach ...?	éta daróga f-/na-...?	э́то доро́га в/на ...?
Wie komme ich zur Straße nach ...?	kak dajéchat da-darógi f-/na-...?	Как дое́хать до доро́ги в/на ...?
Immer geradeaus bis ...	fssjó wrjémja prjáma da-...	Всё вре́мя пря́мо до ...
Dann bei der Ampel links/ rechts abbiegen.	patóm u-switafóra pawirnút naljéwa/napráwa.	Пото́м у светофо́ра поверну́ть нале́во/ напра́во.

VOLLTANKEN, BITTE | sapráftje maschýnu, paschálsta | ЗАПРА́ВЬТЕ МАШИ́НУ, ПОЖАЛУЙСТА

Wo ist die nächste Tankstelle?	gdje blischájschtschaja aftasapráwatschnaja stánzyja?	Где ближа́йщая автозапра́вочная ста́нция?
Normalbenzin/Super/ Diesel/Elektroladestation	binsína/binsína s-wyssókim aktánawym tschisslóm/ dísilnawa tópliwa/ stánzija sarjátki eliktra	бензи́на/бензи́на с высо́ким окта́но-вым/ числóм/ди́зельного то́плива/ста́нция заря́дки электро
Prüfen Sie ...	prawjértje ...	Прове́рьте ...
... den Ölstand.	... úrawin másla.	... у́ровень ма́сла.
... den Reifendruck.	... dawljénije f-schýnje.	... давле́ние в ши́не.
Wo sind bitte die Toiletten?	paschálsta, gdje nachóditsja tualjét?	Пожа́луйста, где нахо́дится туале́т?
Gibt es eine Behindertentoilette?	sdes est tualét dlja inwalídaf?	Здесь имеется туалет для инвалидов?

PARKEN | stajánka | СТОЯ́НКА

Gibt es hier in der Nähe einen Parkplatz?	sdjes jest pablísasti aftastajánka?	Здесь есть побли́зости автостоя́нка?
Kann ich das Auto hier abstellen?	sdjes móschna pastáwit maschýnu?	Здесь мо́жно поста́вить маши́ну?

PANNE | awárija, nipalátki | АВА́РИЯ, НЕПОЛА́ДКИ

Können Sie mir Starthilfe geben?	paschálsta, móschytje-li wy pamótsch mnje prikurít maschýnu?	Пожа́луйста, мо́жете ли Вы помо́чь мне прикури́ть маши́ну?
Rufen Sie bitte den Pannendienst an.	paswanítje w-awaríjnuju slúschbu, paschálsta.	Позвони́те в авари́йную слу́жбу, пожа́луйста.
Ich habe einen Platten.	u minjá kolesó spustílo	У меня колесо спустило.
Ich habe kein Benzin mehr.	u minjá kóntschilsa benzín	У меня кончился бензин.
Die Batterie ist leer.	akumuljátor sel	Аккумулятор сел.
Könnten Sie mir helfen, den Reifen zu wechseln?	wy maglí by pamótsch mnje paminját kalissó?	Вы могли́ бы помо́чь мне поменя́ть колесо́?
Würden Sie mich bis zur nächsten Werkstatt mitnehmen?	wy ni-móschytje padwistí minjá da-blischájschtschi aftarimóntnaj mastirskój?	Вы не мо́жете подвезти́ меня́ до ближа́йшей авторемо́нтной мастерско́й?

WERKSTATT | mastirskája | МАСТЕРСКА́Я

Mein Wagen springt nicht an.	majá maschýna ni-sawóditsja.	Моя́ маши́на не заво́дится.
Können Sie mal nachsehen?	móschytje prawjérit?	Мо́жете прове́рить?
Die Batterie ist leer.	batarjéja sjela.	Батаре́я съе́ла.
Mit dem Motor stimmt was nicht.	s-dwígatilim schtó-ta ni-f-parjátkje.	С дви́гателем что́-то не в поря́дке.
Die Bremsen funktionieren nicht.	tarmasá ni-rabótajut.	Тормоза́ не рабо́тают.
... ist/sind defekt.	... ispórtschin/ispórtschina/ ispórtschina/ispórtschiny.	… испо́рчен m/испо́рчена f/ испо́рчено n/испо́рчены pl.
Es tropft Öl.	titschót mássla.	Течёт ма́сло.
Was wird es kosten?	skólka éta búdit stóit?	Ско́лько э́то бу́дет сто́ить?

UNFALL | nischtschásstny slútschaj | НЕСЧА́СТНЫЙ СЛУ́ЧАЙ

Rufen Sie bitte schnell ...	wýsawitje býstra ...	Вы́зовите бы́стро …
... einen Krankenwagen.	... skóruju pómaschtsch.	… ско́рую по́мощь.
... die Polizei.	... milízyju.	… мили́цию.
... die Feuerwehr.	... paschárnuju kamándu.	… пожа́рную кома́нду.
Sind Sie verletzt?	wy paranílis?	Вы порани́лись?
Haben Sie Verbandszeug?	u-was jest piriwjásatschny matiriál?	У Вас есть перевя́зочный материа́л?
Es war meine Schuld.	éta bylá majá winá.	э́то была́ моя́ вина́.
Es war Ihre Schuld.	éta bylá wáscha winá.	э́то была́ Ва́ша вина́.

> www.marcopolo.de/russisch

Sollen wir die Polizei holen oder können wir uns so einigen?	náda paswát milízyju, íli dagawarímssja prósta tak?	На́до позва́ть мили́цию, и́ли договори́мся про́сто так?
Ich möchte den Schaden durch meine Versicherung regeln lassen.	chatschú wasmistít uschtschérp swajéj strachófkaj.	Хочу́ возмести́ть уще́рб свое́й страхо́вкой.
Geben Sie mir Ihren Namen und Ihre Anschrift.	skaschýtje mnje wáschu famíliju i wasch ádris.	Скажи́те мне Ва́шу фами́лию и Ваш а́дрес.
Vielen Dank für Ihre Hilfe.	balschóje spassíba sa wáschu pomaschtsch.	Большо́е спаси́о за Ва́шу по́мощь.

abschleppen	adbuksírawat	отбукси́ровать
Abschleppseil	buksirówatschny tros	буксиро́вочный трос
Abschleppwagen	buksirówatschny aftamabíl	буксиро́вочный автомоби́ль
Ampel	switafór	светофо́р
Anlasser	stártir	ста́ртер
Autobahn	aftastráda	автостра́да
Automatik(getriebe)	aftamatítschiskaja piridátscha, karópka piridátsch	автомати́ческая переда́ча, коро́бка переда́ч
Batterie	bataréja	батаре́я
Baustelle	strójka	стро́йка
Benzin	binsín	бензи́н
Benzinkanister	kanístra dli-binsína	кани́стра для бензи́на
Bremsbelag	tarmasnája naklátka	тормозна́я накла́дка
Bußgeld	schtraf	штраф
Defekt	niisprávnast, difjékt	неиспра́вность f, дефе́кт
Erdgas-/Elektrotankstelle	mjésta sarjátki eliktrítschiskich akkumuljátaraf/ niftjánawa gása	ме́сто заря́дки электри́ческих аккумуля́торов/ нефтя́ного га́за
Fahrrad	wilassipjét	велосипе́д
Fahrspur	palassá dwischénija	полоса́ движе́ния
Felge	óbat	о́бод
Fernlicht	dálni swjet	да́льний свет
Flickzeug	prinadljéschnasti dli-rimónta kámiry	принадле́жности для ремо́нта ка́меры
Führerschein	wadítilskije prawá	води́тельские права́
Fußbremse	naschnój tórmas	ножно́й то́рмоз
Gang	skórast	ско́рость f
Gaspedal	pidál aksilirátara	педа́ль f акселера́тора
gebrochen	slómany	сло́манный
Getriebe	piridátscha, karópka piridátsch	переда́ча, коро́бка переда́ч
Handbremse	rutschnój tórmas	ручно́й то́рмоз

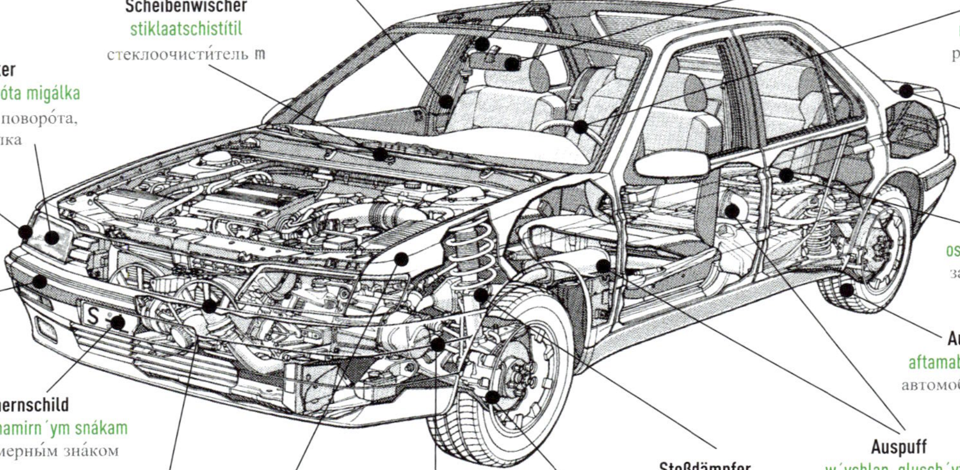
Sicherheitsgurt
rimjén bisapássnasti
реме́нь m безопа́сности
Windschutzscheibe
witrawóje stikló
ветрово́е стекло́
Rückspiegel
sjérkala sádniwa wída
зе́ркало за́днего ви́да
Scheibenwischer
stiklaatschistítil
стеклоочисти́тель m
Lenkrad
ruliwóje kalissó
рулево́е колесо́
Blinker
ukasátil pawaróta migálka
указа́тель m поворо́та,
мига́лка
Kofferraum
bagáschnik
бага́жник
Scheinwerfer
fanár
фона́рь m
Ersatzrad
osapassnóje kalissó
запасно́е колесо́
Stoßstange
bámpir
ба́мпер
Autoreifen
aftamabílnaja sch´yna
автомоби́льная ши́на
Nummernschild
schtschitók s-namirn´ym snákam
щито́к с номерны́м зна́ком
Auspuff
w´ychlap, glusch´ytil
вы́хлоп, глуши́тель m
Kühler
radiátar
радиа́тор
Kotflügel
kryló
крыло́
Achse
most
мост
Bremse
tórmas
то́рмоз
Stoßdämpfer
amartisátar
амортиза́тор

Heizung	atapljénije	отопле́ние
Helm	saschtschítny schljem	защи́тный шлем
Hupe	kláksan	кла́ксон
Kabel	prówat	про́вод
Keilriemen	(klinawój) rimjén ginirátara	(клинаво́й) реме́нь генера́тора
Klingel	swanók	звоно́к
Kreuzung	pirikrjóstak	Перекрёсток
Kühlwasser	achlaschdájuschtschaja wadá	охлажда́ющая вода́
Kupplung	szypljénije	сцепле́ние
Kurve	pawarót	поворо́т
Landstraße	schassjé	шоссе́
Lastwagen	grusawík	грузови́к
Lichtmaschine	ginirátar	генера́тор
Luftpumpe	wasdúschny nasós	возду́шный насо́с
Maut	daróschnaja póschlina	доро́жная по́шлина
Motor	dwígatil	дви́гатель m
Motorrad	matazýkl	мотоци́кл
Notrufsäule	tilifón srótschnawa wýsawa skóraj pómaschtschi	телефо́н сро́чного вы́зова ско́рой по́мощи
Oktanzahl	aktánawaje tschissló	окта́новое число́
Öl/Ölwechsel	mássla/smjéna mássla	ма́сло/сме́на ма́сла
Panne	awárija, nipalátki	ава́рия, непола́дки f pl
Pannendienst	awaríjnaja slúschba	авари́йная слу́жба
Papiere	dakumjénty	докуме́нты
Parkhaus	garásch-gastíniza	гара́ж-гости́ница
Parkplatz	stajánka	стоя́нка
Promille	pramíllje	проми́лле
PS	laschadínaja síla (el-és)	лошади́ная си́ла (л. с.)
Radarkontrolle	radialakazyóny kantról skórasti	радиолокацио́нный контро́ль ско́рости
Raststätte	aftastajánka (dli-óddycha na-darógje)	автостоя́нка (для о́тдыха на доро́ге)
Reifenpanne	prakól schýny	проко́л ши́ны
Schraube	wint, bolt	винт, болт
Schraubenschlüssel	gájitschny kljutsch	га́ечный ключ
Schutzblech	kryló	крыло́
Standlicht	gabarítnyje agní	габари́тные огни́
Starthilfekabel	prówat dli-patkljutschénija k-fspamagátilnaj batarjéje	про́вод для подключе́ния к вспомога́тельной батаре́е
Stau	satór	зато́р
Straße	úliza	у́лица
Straßenkarte	kárta aftamabílnych darók	ка́рта автомоби́льных доро́г
Tachometer	spidómitr	спидо́метр
Tankstelle	aftasapráwatschnaja stánzyja (a-se-és)	автозапра́вочная ста́нция (АЗС)

Umleitung	abjést	объе́зд
Ventil	wjéntil, klápan	ве́нтиль, кла́пан
Vergaser	karbjurátar	карбюра́тор
Versicherungskarte, grüne	siljónaja strachawája kárta, strachawóje swidjétilstwa	зелёная страхова́я ка́рта, страхово́е свиде́тельство
Vollkasko	pólnaje strachawánije káska	по́лное страхова́ние ка́ско
Wagenheber	aftamabílny damkrát	автомоби́льный домкра́т
Wagenwäsche	mójka aftamaschýny	мо́йка автомаши́ны
Warnblinker	switawája signalisázyja	светова́я сигнализа́ция
Warndreieck	pridupridítilny triugólnik	предупреди́тельный треуго́льник
Wegweiser	daróschny ukasátil	доро́жный указа́тель
Werkstatt	mastirskája	мастерска́я
Werkzeug	instrumjént	инструме́нт
Zündkerze	switschá saschygánija	свеча́ зажига́ния
Zündschlüssel	kljutsch saschygánija	ключ зажига́ния

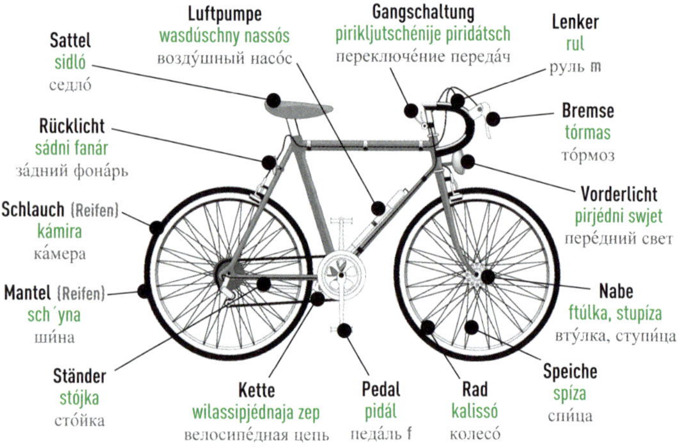

FAHRZEUGVERMIETUNG | sdátscha aftamasch´yn w-arjéndu
СДА́ЧА АВТОМАШИ́Н В АРЕНДУ

Ich möchte ... mieten für zwei Tage/eine Woche.	chatschú wsjat naprakát ... na-dwa dnja/na-nidjélju.	Хочу́ взять напрока́т … на два дня/на неде́лю.
Auto/Wohnmobil/Roller/ Fahrrad	maschýna/schilój aftamabíl/ matarróllir/wilasipjét	маши́на/жило́й автомоби́ль/ мото́роллер/велосипе́д
Bitte mit ...	paschálsta s ...	Пожа́луйста с …

Automatik.	aftamatítschiskaj karópkaj piridátsch.	автомати́ческой коро́бкой переда́ч.
Klimaanlage.	kandizyanjéram.	кондиционе́ром.
Navigationsgerät.	nawigazjónnaj ustanófkaj.	навигацио́нной устано́вкой.
Haben Sie Kindersitze/ Babyschalen?	u was est détskie krésla/ aftakrésla dlja mladénzef	У вас есть детские автокресла/автокресла для младенцев?
Was kostet es pro Tag?	skólka éta stóitn sá-din?	Ско́лько э́то сто́ит за́ день?
Wie viel verlangen Sie pro km?	skólka wy birjótje sa-kilamjétr?	Ско́лько Вы берёте за кило́метр?
Wie viele Kilometer sind inklusive?	skólka kilométraf fchódjat w zenu?	Сколько километров входят в цену?
Ist das Fahrzeug vollkaskoversichert?	aftamabíl sastrachówan pa-pólnamu káska?	Автомоби́ль застрахо́ван по по́лному ка́ско?
Ist es möglich, das Auto in … abzugeben?	móschna wirnút maschýnu f-…?	Мо́жно верну́ть маши́ну в …?

… MIT DEM FLUGZEUG

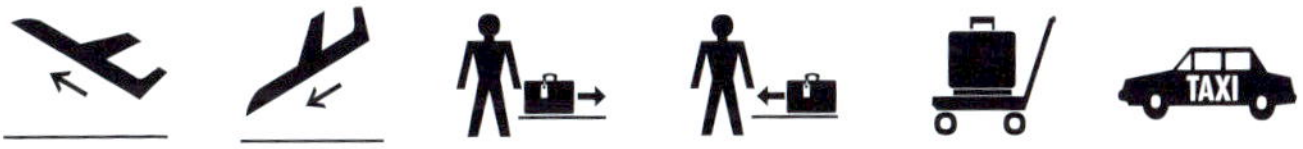

ABFLUG | wýlit | вы́лет

Wo ist der Schalter der …-Fluggesellschaft?	gdje rigistrazjónnaje bjuró awiakampánja?	Где регистрацио́нное бюро́ авиакомпа́нии …?
Wann fliegt die nächste Maschine nach …?	kagdá wylitájit sljédujuschtschi samaljót f-/na-…?	Когда́ вылета́ет сле́дующий самолёт в/на …?
Ich möchte einen Flug nach … (und zurück) buchen.	chatschú sakasát biljét na-samaljót f-/na-… (i abrátna).	Хочу́ заказа́ть биле́т на самолёт в/на … (и обра́тно).
Wir reisen mit einem Kleinkind. Könnten wir Plätze ganz vorn/ am Gang bekommen?	my puteschéstwujem s málenkim rebenkám. Mózhno nam palutschít mistá spéredi ili u práchoda	Мы путешествуем с маленьким ребенком. Можно нам получить места спереди или у прохода?
Ich möchte diesen Flug stornieren.	chatschú anulírawat état biljét.	Хочу́ аннули́ровать э́тот биле́т.
Sind noch Plätze frei?	jest jischtschó biljéty?	Есть ещё биле́ты?

Ich möchte diesen Flug umbuchen.	ja chatschú paminját état biljét.	Я хочу́ поменя́ть э́тот биле́т.
Kann ich das als Handgepäck mitnehmen?	móschna wsjat éta kak rutschnój bagásch?	Мо́жно взять э́то как ручно́й бага́ж?
Wird ein/mein Rollstuhl am Flughafen bereit gestellt?	dlja minjá búdet prigatówlena inwalídnaja kaljáska f aerapartú	Для меня будет приготовлена инвалидная коляска в аэропорту?
Hat die Maschine nach ... Verspätung?	samaljót f-/na-... apásdywajit?	Самолёт в/на … опа́здывает?

ANKUNFT | pribýtije | ПРИБЫ́ТИЕ

Mein Gepäck ist verloren gegangen.	moj bagásch patirjálsja	Мой бага́ж потеря́лся.
Mein Koffer ist beschädigt worden.	moj tschimadán pawridílsja	Мой чемода́н повреди́лся.

Ankunftszeit	wrjémja pribýtija	вре́мя прибы́тия
Anschluss	pirissátka	переса́дка
Anschnallgurt	rimjén bisapássnasti	реме́нь m безопа́сности
an Bord	na-bartú	на борту́
Ausdruck	raspitschátka	распеча́тка
Buchung	sajáfka	зая́вка
Direktflug	bispassádatschny paljót	беспоса́дочный полёт
einchecken	sarigistrírawatsja	зарегистри́роваться
elektronisches Ticket	eliktrónny biljét	электро́нный биле́т
Fenstersitz	mjésta u-akná	ме́сто у окна́
Flug	paljót	полёт
Flugbegleiter/in	bartprawadník/ bartprawadníza	бортпроводни́к/ бортпроводни́ца
Fluggesellschaft	awiakampánija	авиакомпа́ния
Flughafenbus	aftóbuss-exprjés	авто́бус-экспре́сс
Flughafengebühr	aerapartówy sbor	аэропорто́вый сбор
Flugplan	raspissánije paljótaf	расписа́ние полётов
Flugstrecke	wasdúschnaja trássa	возду́шная тра́сса
Flugzeug	samaljót	самолёт
Gepäck	bagásch	бага́ж
Gepäckabfertigung	afarmljénije bagaschá	оформле́ние багажа́
Gepäckausgabe	wýdatscha bagaschá	вы́дача багажа́
Handgepäck	rutschnój bagásch	ручно́й бага́ж
Hubschrauber	wirtaljót	вертолёт
Landung	prisimljénije	приземле́ние
Linienflug	paljót pa-raspissániju	полёт по расписа́нию

Notausgang	sapássny wýchat	запа́сный вы́ход
Notlandung	wýnuschdinaja passátka	вы́нужденная поса́дка
Notrutsche	ewakuazyóny trap (górka)	эвакуацио́нный трап (го́рка)
Passagier	passaschýr/ka	пассажи́р/ка
planmäßiger Abflug	atschiridnój wýlit	очередно́й вы́лет
Schalter	rigistrazyónnaja stójka	регистрацио́нная сто́йка
Schwimmweste	spassátilny schyljét	спаса́тельный жиле́т
Sicherheitskontrolle	kantról bisapássnasti	контро́ль безопа́сности
Spucktüte	giginítschiski pakjét	гигиени́ческий паке́т
stornieren	annulírawat	аннули́ровать
umbuchen	paminját	поменя́ть
Verspätung	apasdánije	опозда́ние
zollfreier Laden	magasín bispóschlinaj targówli	магази́н беспо́шлинной торго́вли
Zwischenlandung	pramischútatschnaja passátka	промежу́точная поса́дка

... MIT DEM ZUG

AM BAHNHOF | na-waksálje | НА ВОКЗА́ЛЕ

Wann fährt der nächste Zug nach ...?	kagdá uchódit sljédujuschtschi pójist f-/na- ... ?	Когда́ ухо́дит сле́дующий по́езд в/на …?
Eine einfache Fahrt nach ..., bitte.	adín biljét w-adín kanjéz da-..., paschálsta.	Оди́н биле́т в оди́н коне́ц до …, пожа́луйста.
Zweimal ... hin und zurück, bitte.	dwa biljeta da-..., tudá i abrátna, paschálsta.	Два биле́та до …, туда́ и обра́тно, пожа́луйста.
Gibt es einen Spartarif?	Jést-li lgotny taríf?	Есть ли льго́тный тари́ф?
Gibt es eine Ermäßigung ...	jest lgóty ...	Есть льго́ты …
... für Kinder?	... dli-ditjéj?	… для дете́й?
... für Studenten?	... dli-studjéntaf?	… для студе́нтов?
Muss ich einen Platz reservieren?	náda-li mnje sabranírawat mjésta?	На́до ли мне заброни́ровать ме́сто?
Eine Fahrkarte für den Zug um ... Uhr nach ...	adín biljét na-pójist f-... tschissóf da-...	Оди́н биле́т на по́езд в … часо́в до …
Hat der Zug aus ... Verspätung?	pójist is-... apásdywajit?	По́езд из … опа́здывает?
(Wo) Muss ich umsteigen?	(gdje) mnje náda djélat pirissátku?	(Где) Мне на́до де́лать переса́дку?
Von welchem Gleis fährt der Zug nach ... ab?	s-kakój platfórmy uchódit pójist f-/na-...?	С како́й платфо́рмы ухо́дит по́езд в/на …?
Kann ich ein Fahrrad mitnehmen?	móschna wsjat sabój wilassipjét?	Мо́жно взять собо́й велосипе́д?

IM ZUG | f-pójisdje | В ПО́ЕЗДЕ

Verzeihung, ist dieser Platz noch frei?	iswinítje, éta mjésta swabódna?	Извини́те, э́то ме́сто свобо́дно?
Hält dieser Zug in …?	pójist astanáwliwajitsja f-…?	По́езд остана́вливается в …?

Abfahrt	atprawljénije	отправле́ние
Abfahrtszeit	wrjémja atprawljénija	вре́мя отправле́ния
Abteil	kupjé	купе́
ankommen	pribýt	прибы́ть
Anschlusszug	saglasówanny pójist	согласо́ванный по́езд
Aufenthalt	astanófka	остано́вка
aussteigen	wychadít	выходи́ть
Bahnhof	wagsál	вокза́л
besetzt	sánity	за́нятый
Direktzug	primój pójist	прямо́й по́езд
Eilzug	skóry pójist	ско́рый по́езд
einsteigen	sjest	сесть
Ermäßigung	lgóty	льго́ты f pl
Fahrkarte	(prajisnój) biljét	(проездно́й) биле́т
Fahrkartenschalter	biljétnaja kássa	биле́тная ка́сса
Fahrplan	raspissánije	расписа́ние
Fahrpreis	stóimast prajésda	сто́имость f прое́зда
Fensterplatz	mjésta u-akná	ме́сто у окна́
frei	swabódny	свобо́дный
Gepäck	bagásch	бага́ж
Gepäckaufbewahrung	kámira chranjénija	ка́мера хране́ния
Gepäckschein	bagáschny talón	бага́жный тало́н
Gleis	platfórma	платфо́рма
Hauptbahnhof	gláwny wagsál	гла́вный вокза́л
Kinderfahrkarte	djétski biljét	де́тский биле́т
Nichtraucherabteil	kupjé dli-nikurjáschtschich	купе́ для некуря́щих
Notbremse	stap-krán	стоп-кра́н
Platzkarte	plazkárta	плацка́рта
Raucherabteil	kupjé dli-kurjáschtschich	купе́ для куря́щих
Reservierung	branírawanije	брони́рование
Rückfahrkarte	abrátny biljét	обра́тный биле́т
Schlafwagen	spálny wagón	спа́льный ваго́н
Schließfach	jitschjéjka f-kámirje chranjénija	яче́йка в ка́мере хране́ния
Sitzplatzreservierung	branírawanije mjest	брони́рование мест
Speisewagen	wagón-ristarán	ваго́н-рестора́н
Stromanschluss	padwót eliktrítschistwa	подво́д электри́чества
Toilette	tualjét	туале́т

Wartehalle	sal aschydánija	зал ожида́ния
Zug	schyljésnaja daróga	желе́зная доро́га
Zugfähre	schylisnadaróschny paróm	железнодоро́жный паро́м
Zuschlag	dapláta	допла́та

… MIT DEM SCHIFF

IM HAFEN | f-partú | В ПОРТУ́

Wo/Wann fährt das nächste Schiff/die nächste Fähre nach … ab?	atkúda/kagdá atchódit sljédujuschtschi karábl/ paróm f-…?	Отку́да/Когда́ отхо́дит сле́дующий кора́бль/ паро́м в …?
Wie lange dauert die Überfahrt?	kak dólga dlítsja rjejs?	Как до́лго дли́тся рейс?
Eine Schiffskarte nach …, bitte.	adín biljét da-…, paschálsta.	Оди́н биле́т до …, пожа́луйста.
Ich möchte eine Karte für die Rundfahrt um … Uhr, bitte.	adín biljét na-exkúrssiju f-… tschissóf, paschálsta.	Оди́н биле́т на экску́рсию в … часо́в, пожа́луйста.
Wann kommen wir an in …?	kagdá my pribúdim f-…?	Когда́ мы прибу́дем в …?

AN BORD | na-bartú | НА БОРТУ́

Wo ist der Speisesaal/der Aufenthaltsraum?	gdje stalówaja/kajút-kampánija?	Где столо́вая/каю́т-компа́ния?
Ich fühle mich nicht wohl.	ja tschúfstwuju sibjá nicharaschó.	Я чу́ствую себя́ нехорошо́.
Geben Sie mir bitte ein Mittel gegen Seekrankheit.	dájtje mnje srjetstwa prótif marskój baljésni, paschálsta.	Да́йте мне сре́дство про́тив морско́й боле́зни, пожа́луйста.

an Bord	na-bartú	на борту́
Dampfer	parachót	парохо́д
Deck	páluba	па́луба
Fähre	paróm	паро́м
Fahrkarte	biljét	биле́т
Hafen	port	порт
Kabine	kajúta	каю́та
Kapitän	kapitán	капита́н
Küste	marskój bjérik	морско́й бе́рег
Motorboot	matórnaja lótka	мото́рная ло́дка
Passagier	passaschýr/ka	пассажи́р/ка

Rettungsboot	spassátilnaja lótka	спаса́тельная ло́дка
Rettungsring	spassátilny kruk	спаса́тельный круг
Ruderboot	wissjélnaja lótka	весе́льная ло́дка
Schwimmweste	spassátilny schyljét	спаса́тельный жиле́т
Seegang	walnjénije (mórja)	волне́ние (мо́ря)
Seekrankheit	marskája baljésn	морска́я боле́знь

NAHVERKEHR

BUS/U-BAHN | aftóbus/mitró | АВТО́БУС/МЕТРО

Bitte, wo ist die nächste ...?	skaschýtje, paschálsta, gdje blischájschaja ...?	Скажи́те, пожа́луйста, где ближа́йшая ...?
Bushaltestelle	astanófka aftóbussa	остано́вка авто́буса
Straßenbahnhaltestelle	astanófka tramwája	остано́вка трамва́я
U-Bahn-Station	stánzyja mitró	ста́нция метро́
Welche Linie fährt nach ...?	kakój marschrút idjót da-...?	Како́й маршру́т идёт до ...?
Wann/Wo fährt der Bus ab?	kagdá/atkúda uchódit aftóbus?	Когда́/Отку́да ухо́дит авто́бус?
Wo muss ich aussteigen?	gdje mnje wychadít?	Где мне выходи́ть?
Wo muss ich umsteigen?	gdje mnje djélat pirissátku?	Где мне де́лать переса́дку?
Geben Sie mir bitte Bescheid, wenn ich aussteigen muss.	saabschtschítje, kagdá mnje núschna wychadít, paschálsta.	Сообщи́те, когда́ мне ну́жно выходи́ть, пожа́луйста.
Bitte, einen Fahrschein nach ...	adín biljét da-..., paschálsta.	Оди́н биле́т до ..., пожа́луйста.
Kann ich ein Fahrrad mitnehmen?	móschna wsjat sabój wilassipjét?	Мо́жно взять собо́й велосипе́д?

Abfahrt	atprawljénije	отправле́ние
aussteigen	wychadít	выходи́ть
Bus	aftóbus	авто́бус
einsteigen	sjest	сесть
Endstation	kanjétschnaja stánzyja	коне́чная ста́нция
Fahrer	wadítil	води́тель
Fahrkartenautomat	(biljétnaja) kássa-aftamát	(биле́тная) ка́сса-автома́т
Fahrpreis	stóimast prajésda	сто́имость f прое́зда
Fahrschein	(prajisnój) biljét	(проездно́й) биле́т
Haltestelle	astanófka	остано́вка
Kontrolleur/in	kantraljór	контролёр
lösen (Fahrschein)	kupít biljét	купи́ть биле́т

Obus	tralljéjbus	тролле́йбус
Schaffner/in	kandúktar	конду́ктор
Straße	úliza	у́лица
Straßenbahn	tramwáj	трамва́й
Tageskarte	prajesdnój biljét	проездно́й биле́т
Touristenticket	turistítschiski biljét	туристи́ческий бил́т
U-Bahn	mitró	метро́
Wochenkarte	nidjélny prajesdnój biljét	неде́льный проездно́й биле́т

TAXI | taksí | ТАКСИ́

Könnten Sie mir bitte ein Taxi rufen?	ni-magli by wy mnje wýswat taxí?	Не могли́ бы Вы мне вы́звать такси́?
Wo ist der nächste Taxistand?	gdje blischájschaja stajánka taksí?	Где ближа́йшая стоя́нка такси́?
Zum Bahnhof.	da-wagsála	До вокза́ла
Zum ... Hotel.	da-gastínizy ...	До гости́ницы …
In die ...-Straße.	da-úlizy ...	До у́лицы …
Nach ...	da-...	До …
Wie viel kostet es?	skólka éta stóit?	Ско́лько э́то сто́ит?
Das ist zu viel.	éta slíschkam mnóga.	Э́то сли́шком мно́го.
Halten Sie bitte hier.	astanawítis sdjes, paschálsta. paschálsta.	Останови́тесь здесь, пожа́луйста.
Das ist für Sie.	éta wam.	Э́то Вам.
Die Quittung, bitte.	kwitánziju, paschalsta!	Квита́нцию, пожа́луйста!
Fahrpreis	stóimast prajésda	сто́имость f прое́зда
Taxifahrer/in	wadítil taxí	води́тель такси́
Trinkgeld	tschijiwýje	чаевы́е

MITFAHREN

Fahren Sie nach ...?	pajéditje-li wy f -...?	Пое́дете ли Вы в …?
Könnte ich ein Stück mitfahren?	magú-li ja pajéchat s-wámi tschast darógi?	Могу́ ли Я пое́хать с Ва́ми часть доро́ги?
Ich würde gerne hier aussteigen.	ja by chatjél/a sdjes wýjti.	Я бы хоте́л/а здесь вы́йти.
Vielen Dank fürs Mitnehmen.	balschóje spasíba, schto padwislí minjá.	Большо́е спаси́бо, что подвезли́ меня́.

> KULINARISCHE ABENTEUER

Mit Spaß bestellen und mit Genuss essen – denn für Sie ist die Speisekarte in Landessprache kein Buch mit sieben Siegeln.

ESSEN GEHEN | pajtí w-ristarán | ПОЙТИ́ В РЕСТОРА́Н

Wo gibt es hier ein gutes Restaurant?	gdje sdjes charóschy ristarán?	Где здесь хоро́ший рестора́н?
Wo gibt es hier ein typisches Restaurant?	gdje sdjes tipítschny ristarán?	Где здесь типи́чный рестора́н?
Reservieren Sie uns bitte für heute Abend einen Tisch für 4 Personen.	sakásywajim stol na-tschityrjóch na siwódnischni wjétschir.	Зака́зываем стол на четырёх на сего́днящний ве́чер.
Ist dieser Tisch/Platz noch frei?	état stol swabódin?/ éta mjésta swabódna?	Э́тот стол своо́ден?/ Э́то ме́сто своо́дно?

ESSEN UND TRINKEN

Einen Tisch für 2/3 Personen, bitte.	stol na-dwaich/troich, paschálsta.	Стол на двои́х/трои́х, пожа́луйста.
Haben Sie einen (Nicht-) Raucherbereich?	jést-li u was pamischénji dlja (nje)kurílschikaf?	Есть ли у Вас помеще́ние для (не-)кури́льщиков?
Wo sind die Toiletten?	gdje tualjét?	Где туале́т?
Guten Appetit!	prijátnawa appitíta!	Прия́тного аппети́та!
Auf Ihr Wohl!	sa-wásche sdarówje!	За Ва́ше здоро́вье!
Das Essen ist/war ausgezeichnet!	jidá (bylá) atlítschnaja.	Еда́ (была́) отли́чная.
Danke, ich bin satt.	spassíba, ja syt./sytá.	Спаси́бо, я сыт. m/сыта́. f
Darf ich rauchen?	móschna kurít?	Мо́жно кури́ть?

BESTELLUNG | sakás | ЗАКА́З

Herr Ober/Bedienung, …	afizyánt, …	Официа́нт, …
die Speisekarte, bitte.	minjú, paschálsta.	меню́, пожа́луйста.
die Getränkekarte, bitte.	kártu napítkaf, paschálsta.	ка́рту напи́тков,
die Weinkarte, bitte.	kártu win, paschálsta.	ка́рту вин, пожа́луйста.
Ich nehme …	ja wasmú …	Я возьму …
Wir haben leider kein/e … (mehr).	k-saschaljéniju, ni-astálas …	К сожале́нию, не оста́лось …
Ich hätte gerne etwas Typisches aus der Region.	ja by chatjél/chatjéla tschiwó-nibut charaktjérnawa dla rigióna.	Я бы хоте́л/хоте́ла чего́-нибудь характе́р-ного для регио́на.
Ich bin Diabetiker/ Vegetarier/Veganer.	ja balnój diabétam/ wigitarjániz/wigán.	Я больно́й диабе́том/ вегетариа́нец/вега́н.
Ich bin allergisch gegen … Eier/Gluten/Milchprodukte Natriumglutamat/Nüsse.	u minjá allérgija na … jijzá/glutén/malótschnye pradúkty/glutamát nátriji/ arjéchy.	У меня алле́ргия на … яйца́/глюте́н/моло́чные пр оду́кты/глутама́т на́трия/оре́хы.
Was wollen Sie trinken?	schto wy búditje pit?	Что Вы бу́дете пить?
Bitte ein Glas …	stakán …, paschálsta.	Стака́н …, пожа́луйста.
Bitte eine Flasche …	butýlku …, paschálsta.	Буты́лку …, пожа́луйста.
Bringen Sie uns …, bitte.	prinissítje nam …, paschálsta.	Принеси́те нам …, пожа́луйста.

BEANSTANDUNGEN | schálaby | ЖА́ЛОБЫ

Das Essen ist kalt.	jidá chalódnaja.	Еда́ холо́дная.
Das Fleisch ist nicht durch.	mjássa nje praschárina.	Мя́со не прожа́рено.
Haben Sie mein/e … vergessen?	wy sabýli moj/majú/ majó/maí …?	Вы забы́ли мой m/мою́ f/ моё n/мои́ pl …?
Das habe ich nicht bestellt.	ja étawa ni-sakásywal/ ni-sakásywala.	Я э́того не зака́зывал m/ не зака́зывала f.
Holen Sie bitte den Chef.	pasawítje sawjédujusch-tschiwa, paschálsta.	Позови́те заве́дующего, пожа́луйста.

BEZAHLEN | rasplatítsja | РАСПЛАТИ́ТЬСЯ

Bezahlen, bitte.	raschtschitájtis sa-mnoj, paschálsta.	Рассчита́йтесь со мной, пожа́луйста.
Bitte alles zusammen.	ópschtschi schtschót, paschálsta.	О́бщий счёт, пожа́луйста.
Könnte ich bitte eine Quittung bekommen?	dájtje mnje raspísku, paschálsta.	Да́йте мне распи́ску, пожа́луйста.

Getrennte Rechnungen, bitte.	addjélnyje schtschitá, paschálsta.	Отде́льные счета́, пожа́луйста.
Es stimmt so.	sdátschi ni-náda.	Сда́чи не на́до.
Vielen Dank für die Einladung.	balschóje spasíba sa-priglaschénije.	Большо́е спаси́бо за приглаше́ние.

Abendessen	úschyn	у́жин
Beilage	garnír	гарни́р
Besteck	pribór	прибо́р
Bestellung	sakás	зака́з
Diabetiker	diabjétik	диабе́тик

WIE DIE EINHEIMISCHEN

Insider Tipps

Wann und was?

Das Frühstück „sáftrak" «за́втрак» wird meist früh eingenommen. Viele Menschen nehmen morgens nur einen Kaffee oder Tee mit einem belegten Brot oder eine Portion Quark; aber es gibt auch welche, die viel üppiger frühstücken – mit unterschiedlichen Breisorten oder heißen Pfannkuchen, mit heißen Würstchen oder mit Omelett oder Spiegeleiern. Das Mittagessen „abjét" «обе́д», so gegen 14 Uhr und grundsätzlich mit Schwarz- und Weißbrot serviert, besteht aus Vorspeisen „sakúski" «заку́ски», einer Suppe „pjérwaje" «пе́рвое», dem Hauptgericht „ftaróje" «второ́е», einem Dessert „dissjért" «десе́рт» und Tee oder Kaffee „tschaj ili kófje" «чай и́ли ко́фе». Oft wird das üppige Mittagessen jedoch zu einem frühen Abendessen. Tafelt man dagegen mittags ausgiebig, fällt das Abendessen „úschyn" «у́жин» etwas spärlicher aus: Brot, Wurst, Käse und eingelegtes Gemüse.

„Na-sdarówje!" – «На здоро́вье!»

... (Auf Ihre Gesundheit!) bekommt man zur Antwort, wenn man sich am Tisch nach dem Essen bedankt: „Spassíba!" «Спаси́бо!» Danke! Dies wird nicht nur von den Gästen erwartet, sondern ist auch am alltäglichen Familientisch üblich.

Rauchen – nein danke!

In manchen Restaurants gibt es abgetrennte Raucherecken. Man fragt: gdje sdjes móschna kurít? «Где здесь можно курить?» Wo kann man hier rauchen? In den meisten aber, wie auch in allen öffentlichen Einrichtungen, ist Rauchen verboten. Zu Hause wird meist auf dem Balkon oder im Treppenhaus geraucht.

Extrawurst

Wenn bei einem Gericht „parzjónaje bljúda" «порцио́нное блю́до» steht, heißt das, es wird extra zubereitet. Man muss es entweder vorbestellen oder darauf warten.

Essig	úksus	у́ксус
fettarm	nischýrny	нежи́рный
frisch	swjéschy	све́жий
frittiert	scháriny wa fritjúri	жа́реньй во фритю́ре
Frühstück	sáftrak > S. 48	за́втрак
gebacken	pitschóny	печёный
gebraten	scháriny	жа́реный
gegrillt	scháriny na gríli	жа́реный на гри́ле
Getränk	napítak > S. 52 f.	напи́ток
Gewürz	prjánast, spjézyja	пря́ность f, спе́ция
Glas	stakán	стака́н
glutenfrei	bjesgluténawy	безглюте́новый
Hauptspeise	ftaróje (bljúda) > S. 40, 50	второ́е (блю́до)
hausgemacht	damáschni	дома́шний
heiß/kalt	garjátschi/chalódny	горя́чий/холо́дный
kalorienarm	niskakalaríjny	низкокалори́йный
Kellner/in, Ober	afizyánt/ka, afizyánt	официа́нт/ка, официа́нт
Kinderteller	djétskaje bljúda	де́тское блю́до
Koch/Köchin	pówar/pawarícha	по́вар/повари́ха
Laktoseintoleranz	nipirinasímast laktósy	непереносимость лактозы
mager	póssny	по́стный
Mittagessen	abjét	обе́д
Nachtisch	dissjért > S. 40, 52	десе́рт
Öl	mássla	ма́сло
Pfeffer	pjériz	пе́рец
Salz	sol	соль f
scharf	óstry	о́стрый
Senf	gartschíza	горчи́ца
Serviette	salfjétka	салфе́тка
Soße	sóus	со́ус
Speisekarte	minjú > S. 48 ff.	меню́
Spezialität	spizyálnast	специа́льность f
Streetfood	strídfus	стрит-фуд
Suppe	sup > S. 49 f.	суп
süß/sauer	slátki/kissly	сла́дкий/ки́слый
Tagesmenü	kómpliksny abjét	ко́мплексный обе́д
Tasse	tschásсhka	ча́шка
Trinkgeld	tschijiwýje	чаевы́е
vegetarisch	wigitariánski	вегетариа́нский
Vollkorn	zélnaje sirnó	це́льное зерно́
Vorspeise	sakúska > S. 40, 48 f.	заку́ска
Wasser	wadá	вода́
zäh	schóstki	жёсткий
(ohne) Zucker	(bis)-sáchara	(без) са́хара

ESSEN UND TRINKEN

salát
салáт

fasól
фасóль m

óstry pjériz
óстрый пéрец

pjériz
пéрец

pamidóry
помидóры

agurjez
огурéц

zwitnója kapústa
цветнáя капýста

brókkoli
брóкколи f

artischóki
артишóки mpl

schampinjóny
шампиньóны

baklascháný
баклажáны

sildiréj
сельдерéй

kartófil
картóфель

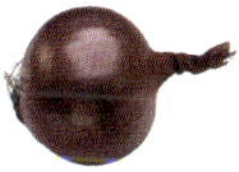

luk (rjéptschaty)
лук (рéпчатый)

tschissnók
чеснóк

imbír
имбúрь

awakáda
авокáдо

markóf
моркóвь

kapústa
капýста

luk-paréj
лук-порéй

spárscha
спáржа

tschitschiwíza
чечевúца

týkwa
тыква

zukkíni
цуккúни

garóch
горóх

nut
нут

schpinát
шпинáт

kukurúsa
кукурýза

schalféj
шалфéй

mjáta
мя́та

pitrúschka
петрýшка

rosmarín
розмарúн

abrikósy
абрико́сы

banány
бана́ны

ananás
анана́с

mánga
ма́нго

simliníka
земляни́ка

pjérssika
пе́рсика

kíwi
ки́ви

winagrát
виногра́д

jáblako
я́блоко

grúschy
гру́ши

tschirníki
черни́ки

tschiréschni
чере́шни

smaródiny
сморо́дины

apilsíny
апельси́ны

limón
лимо́н

limjétta
лиме́тта

papája
папа́йя

arbús
арбу́з

dýnja
ды́ня

gréjpfrut
гре́йпфрут

granát
грана́т

slíwy
сли́вы

mirabjéli
мирабе́ли

inschýry
инжи́ры

lítschi kitájskaje
ли́чи кита́йское

pampilmús
пампельму́с

kakós
коко́с

kaschtán sjedóbny
кашта́н съедо́бный

aráchisy
ара́хисы

kljúkwy
клю́квы

suschónyje frúkty
сушёные фру́кты

lákamstwa studjéntaw
ла́комство студе́нтов

ESSEN UND TRINKEN

chljep/grjénki
хлеб/гре́нки

tschórny chljep
чёрный хлеб

chljep is-zélnawa sirná
хлеб из це́льного зерна́

franzúski batón
францу́зский бато́н

bejgl
бейгл

krindjél
кренде́ль

franzúski rogálik
францу́зский рога́лик

chrustjáschtschije chljépzy
хрустя́щие хле́бцы

lipjóschka
лепёшка

búlatschka
бу́лочка

búlatschka is-zélnawa sirná
бу́лочка из це́льного зерна́

wistfálski rschánaj chljep
вестфа́льский ржа́ной хлеб

wáflja
ва́фля

póntschik
по́нчик

slajónaje draschiwáje isdjélije
слоёное дрожжево́е изде́лие

piróschnaje
пиро́жное

rissawája wáflja
рисова́я ва́фля

mjúsli
мю́сли

kukurúsnye chlópja
кукуру́зные хло́пья

jógurt
йо́гурт

mássla
ма́сло

jijzó
яйцо́

syr
сыр

malakó
молоко́

syr s-galubój pljésinju
сыр с голубо́й пле́сенью

kamambjér
камамбе́р

twaróschnaja mássa
творо́жная ма́сса

twaróg s-sjélinju
творо́г с зе́ленью

syr bonbjél
сыр „Бонбе́л“

syr parmisan
сыр „Пармеза́н“

awjétschi syr
ове́чий сыр

gawjádina
говя́дина

patrachá
потроха́

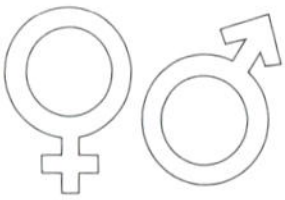

sámka/sámiz
са́мка/са́мец

tiljátina
теля́тина

swinína
свини́на

mjássa jignjónka
мя́со ягнёнка

kúriza
ку́рица

útka
у́тка

sájaz
за́яц

díkaja swinjá
ди́кая свинья

is-adnawó kuská
из одного́ куска́

narjésanaje kúbikami
наре́занное ку́биками

(missnój) farsch
(мясно́й) фарш

schaschlýk
шашлы́к

antrikót
антреко́т

filéjnaja tschast
филе́йная часть

adbiwnája katljéta
отбивна́я котле́та

rastbíf
ростби́ф

sassiski
соси́ски f pl

kalbassá
колбаса́

saljámi
саля́ми fpl

warjónny ókarak
варёный о́корок

syrakaptschónnaja witschiná
сырокопчёная ветчина́

schpik, sála
шпик, са́ло

kúriza na-wirtjélje
ку́рица на верте́ле

ljáschka kúrizy
ля́жка ку́рицы

> www.marcopolo.de/russisch

ESSEN UND TRINKEN

láwrak
ла́врак

farjél
форе́ль

tunjéz
туне́ц

lassós
лосо́сь

sardíny
сарди́ны

kráby
кра́бы

narwjéschski amár
норве́жский ома́р

amár
ома́р

rakúschki
раку́шки

kalmár
кальма́р

ústriza
у́стрица

ikrá
икра́

minirálnaja wadá
минера́льная вода́

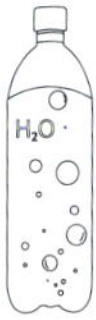

gasirówanaja/nigasirówanaja
газиро́ванная/не газиро́ванная

malakó
молоко́

sójiwaje malakó
со́евое молоко́

sok
сок

kaka-kóla
кока-ко́ла

enirgitítschiski napítak
энергети́ческий напи́ток

píwa
Пи́во

tschaj
чай

kófje
ко́фе

kakáo
кака́о

kúbiki lda
ку́бики льда́

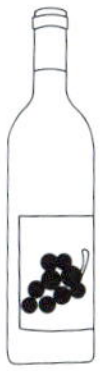
winó krássnaje
вино́ кра́сное

winó (bjélaje/krássnaje)
вино́ бе́лое

schampánskaje
шампа́нское

kaktjéjl
builtin коктейль

Зáвтрак | sáftrak | FRÜHSTÜCK

Zeigebilder: Seite 44 ff.

Чёрный кóфе	tschórny kófje	schwarzer Kaffee
Кóфе с молокóм	kófje s-malakóm	Kaffee mit Milch
Кóфе без кофейна	kófje bis-kafiína	koffeinfreier Kaffee
Чай с молокóм	tschaj s-malakóm	Tee mit Milch
Чай с лимóном	tschaj s-limónam	Tee mit Zitrone
Чай из трав, фиточáй	tschaj is-traf, fitatscháj	Kräutertee
Горя́чий шоколáд	garjátschi schakalát	heiße Schokolade
Фруктóвый сок	fruktówy sok	Fruchtsaft
Яйцó	jijzó	Ei
Яи́чница(-болтýнья)	jiíschniza(-baltúnja)	Rühreier
(Яи́чница-)глазýнья	(jiíschniza-)glasúnja	Spiegelei
Яи́чница со шпи́ком	jiíschniza sa-schpíkam	Eier mit Speck
Хлеб/бýлочки/грéнки	chljep/búlatschki/grjénki	Brot/Brötchen/Toast
Рогáлик	ragálik	Hörnchen
Мáсло	mássla	Butter
Сыр	syr	Käse
Колбасá	kalbassá	Wurst
Окорок, ветчинá	ókarak, witschiná	Schinken
Мёд	mjot	Honig
Варéнье, джем	warjénje, dschem	Marmelade
Йóгурт	jógurt	Jogurt
Смузи	smúsi	Smoothie
Фрýкты	frúkty	Obst

Холóдные закýски | chalódnyje sakúski | KALTE VORSPEISEN

Ассорти́	assartí	Vorspeisenteller
Бутербрóд	butirbrót	belegtes Brot
Ветчинá (с гарни́ром)	witschiná (s-garníram)	Schinken (mit Beilage)
Икрá (крáсная/ чёрная)*	ikrá (krássnaja/ tschórnaja)	Kaviar (roter/schwarzer)
Колбасá	kalbassá	Wurst
Крáбы лéтнего копчéния	kráby ljétniwa kaptschénija	geräucherte Krabben
Окорок москóвский*	ókarak maskófski	Moskauer Schinken
Паштéт	paschtét	Pastete
Рыба	rýba	Fisch
горя́чего копчéния	garjátschiwa kaptschénija	heiß geräuchert
охолóдного копчéния	chalódnawa kaptschénija	kalt geräuchert

SPEISEKARTE

Под марина́дом	pad-marinádam	mit Marinade
Горбу́ша	garbúscha	Buckellachs
Ке́та	kjéta	sibirischer Lachs
Лосо́сь	lassós	Lachs
Па́лтус	páltus	Steinbutt
Севрю́га	siwrjúga	Stör
Сельдь, Селёдка	sjelt, siljótka	Hering
Сёмга	sjómga	Salm
Сала́т из помидо́ров с огурца́ми (с яйцо́м)	salát is-pamidóraf s-agurzámi (s jijzóm)	Tomaten-Gurken-Salat (mit Ei)
Сала́т Оливье́/ Сто́йчный	salát aliwjé/stalítschny	russischer Salat mit Huhn/mit Fleisch
Яйцо́	jijzó	hartes Ei
под майоне́зом	pot majanjésam	mit Mayonnaise
фарширо́ванное	farschyrówanaje	gefüllt

Пе́рвые блю́да | pjérwyje bljúda | SUPPEN

Бульо́н	buljón	Bouillon
Борщ (украи́нский) *	borschtsch (ukraínski)	Borschtsch (ukrainische) Suppe aus Roter Bete und Kohl
Грибна́я соля́нка *	gribnája saljánka	Pilzeintopf
Грибно́й суп	gribnój sup	Pilzsuppe
Моло́чный суп	malótschny sup	Milchsuppe
Рассо́льник *	rassólnik	Suppe mit Geflügel, Reis, saurer Gurke
Ры́бный суп	rýbny sup	Fischsuppe
Соля́нка *	saljánka	Soljanka (Suppe mit Einlagen)

* Besonders typische Gerichte

WIE DIE EINHEIMISCHEN

Insider Tipp

Guten Appetit!

Die typische Speisenfolge ist Vorspeise – Suppe – Hauptgericht – Dessert – Tee oder Kaffee. Pfannkuchen („bliný" «блины́») kann man auch als Hauptgang nehmen.

Щи *	schtschi	Kohlsuppe
све́жие	swjéschyje	aus frischem Kohl
ки́слые	kísslyje	aus Sauerkraut
по́стные	póssnyje	ohne Fleisch

Вторы́е блю́да | ftarýje bljúda | HAUPTGERICHTE

Zeigebilder: Seite 46 f.

Ры́бные блю́да rýbnyje bljúda FISCHGERICHTE

Ры́ба	rýba	Fisch
Ка́мбала	kámbala	Seezunge
Карп	karp	Karpfen
Лещ	ljeschtsch	Brachse
(Морско́й) О́кунь	(marskój) ókun	(See)Barsch
Па́лтус	páltus	Steinbutt
Саза́н	sasán	Karpfen
Сом	som	Wels
Суда́к	sudák	Zander
Треска́	triská	Kabeljau
У́горь *m*	úgar	Aal
Форе́ль	farjél	Forelle
Щу́ка	schtschúka	Hecht

Мясны́е блю́да missnýje bljúda FLEISCHGERICHTE

Мя́со	mjássa	Fleisch
Бара́нина	baránina	Hammel
Говя́дина	gawjádina	Rind
Кро́лик	królik	Kaninchen
Свини́на	swinína	Schwein
Биф-стро́ганоф	bif-stróganaff	Bœuf Stroganoff
Бифште́кс	bifschtjéks	Hackbraten
Гуля́ш	guljásch	Gulasch
Котле́ты	katljéty	Frikadellen
Котле́ты по-ки́евски *	katljéty pa-kíjifski	panierte Hackfleischpastete
Отбивны́е	adbiwnýje	paniertes Schnitzel
Пельме́ни (сиби́рские) *	pilmjéni (sibírskije)	mit Fleisch gefüllte Teigtaschen (sibirische)
Ромште́кс	ramschtjéks	Rumpsteak
Шашлы́к	schaschlýk	Schaschlik
Шни́цель	schnízel	Schnitzel

Гарни́ры | garníry | BEILAGEN

Zeigebilder: Seite 43

Грибы́ (све́жие/ суше́ные)	gribý (swjéschyje/ suschónyje)	Pilze (frische/ getrocknete)
запечённые	sapitschónnyje	gebacken
жа́реные	schárinyje	gebraten
Карто́фель	kartófil	Kartoffel
жа́реный	schárinу	gebraten
отварно́й	atwarnój	gekocht
Лапша́	lapschá	Nudeln
Овощно́е ассорти́	awaschtschnóje assartí	Gemüsebeilage
Рис (отварно́й)	ris (atwarnój)	Reis (gekocht)
Майоне́з	majanjés	Mayonnaise
Смета́на	smitána	saure Sahne

Дието́ческие блю́да | dijitítschiskije bljúda FLEISCHLOSE GERICHTE

Ка́ша * (ма́нная/овся́ная/ ри́совая)	kásсha (mánnaja/afsjánaja/ ríssawaja)	Grütze (Gries~/Hafer~/Reis~)
... на молоке́	... na malakjé	... mit Milch
Сы́рники * (со смета́ной)	sýrniki (ssa-smitánaj)	gebackene Quarkklöße (mit saurer Sahne)
Творо́жная запека́нка *	twaróschnaja sapikánka	Quarkpastete

Вы́печные изде́лия | wypitschnýje isdjélija | MEHLSPEISEN

Блины́ *	bliný	Pfannkuchen
с варе́ньем	s-warjénim	mit Marmelade
со смета́ной	ssa-smitánaj	mit saurer Sahne
с тво́рогом	s-twóragam	mit Quark
Бу́лочки (сла́дкие)	búlatschki (slátkije)	(süße) Brötchen
с изю́мом	s-ysjúmam	mit Rosinen
с варе́ньем	s-warjénjim	mit Marmelade

* Besonders typische Gerichte

Пирóг/Пирожкú *	pirók/piraschkí	Torte/Pasteten
из дрожжевóго тéста	is-draschywówa tjésta	aus Hefeteig
из слоёного тéста	is-slajónawa tjésta	aus Blätterteig
с зелёным лýком	s-siljónym lúkam	mit Lauch
с капýстой	s-kapústaj	mit Kohl
с мя́сом	s-mjássam	mit Fleisch
с рúсом	s-ríssam	mit Reis
с яйцóм	s-jijzóm	mit Ei
с варéньем	s-warjénim	mit Marmelade
с лимóном	s-limónam	mit Zitrone
с твóрогом	s-twóragam	mit Quark

Десéрты | dissjérty | NACHSPEISEN

Морóженое (слúвочное/ шоколáдное)	maróschynaje (slíwatschnaje/ schakaládnaje)	Eis (Sahne~/ Schokoladen~)
с варéньем	s-warjénim	mit Marmelade
с сирóпом	s-sirópam	mit Sirup
с фрýктами	s-frúktami	mit Früchten
с шоколáдом	s-schakaládam	mit Schokolade

Неалкóгольные напúтки | njealkagólnyje napítki NICHTALKOHOLISCHE GETRÄNKE

Чай (с лимóном)	tschaj (s-limónam)	Tee (mit Zitrone)
Чай латте	tscháj láte	Chai Latte
Кóфе (по-турéцки/ эспрéссо)	kófje (pa-turjézki/ esprjéssa)	Kaffee (Mokka/ Espresso)
с молокóм	s-malakóm	mit Milch
со слúвками	ssa-slífkami	mit Sahne
Компóт *	kampót	Aufgussgetränk heiß oder kalt aus getrockneten/frischen Früchten
из сухофрýктов/ из свéжих фрýктов	is-suchafrúktaf/ is-swjéschych frúktaf	
Кисéль *	kissjél	süßsaures Fruchtgetränk
Сок/Напúток	sok/napítak	Saft/verdünnter Saft
виногрáдный	winagrádny	Trauben~
я́блочный	jáblatschny	Apfel~
Лимонáд	limanát	Limonade
Минерáльная водá	minirálnaja wadá	Mineralwasser

* Besonders typische Gerichte

GETRÄNKEKARTE

Алкогóльные напи́тки | alkagólnyje napítki
ALKOHOLISCHE GETRÄNKE

Шампáнское	schampánskaje	Sekt, Champagner
брют	brjut	brut
(полу)сухóе/слáдкое	(palu)ssuchóje/sslátkaje	(halb)trocken/süß
кры́мское	krýmskaje	Krimsekt
Вóдка	wótka	Wodka
Пи́во	píwa	Bier
Винó (бéлое/крáсное)	winó (bjélaje/krássnaje)	Wein (weiß/rot)
(полу)сухóе	(palu)ssuchóje	(halb)trocken
столóвое	stalówaje	lieblich
креплёное	kripljónaje	portweinartig
армя́нское	armjánskaje	armenischer
грузи́нское	grusínskaje	georgischer
молдáвское	maldáfskaje	moldavischer

WIE DIE EINHEIMISCHEN

Insider Tipps

Wie viel darf's sein?

Spirituosen werden nach Gramm ausgeschenkt. Und im Land des Wodkas müssen es 100 Gramm „sto grámmaf" «сто грáммов» des „Wässerchens" schon sein. Um nicht unangenehm aufzufallen, sollten sich Damen allerdings an Sekt „schampánskaje" «шампáнское» oder Likör „nalífka" «нали́вка» halten. Amüsant ist die Tradition des Toastens: Reihum werden vor jeder neuen Runde Trinksprüche zum Besten gegeben, und jeder versucht, den Vorgänger an Witz und Originalität zu überbieten.

Vom bitter-süßen Leben

„Pit górkuju" «пить гóрькую» „Bitteres trinken" ist ein häufiger Ausdruck für „sich betrinken". Aber „wýpit górkuju tscháschu" «вы́пить гóрькую чáшу» „den bitteren Kelch austrinken" entspricht in etwa dem deutschen „in den sauren Apfel beißen". Wird hingegen auf einer Hochzeitsfeier dem Brautpaar „Górka!" «Гóрько!» „bitter" zugerufen, so wird es zum herzlichen Küssen aufgefordert.

Tee aus dem Samowar

Der Samowar wird heute zwar nur noch selten angeworfen, doch nach wie vor wird zu Hause Tee nach einem „vereinfachten Samowar-Prinzip" bereitet: Man kocht einen starken Tee „sawárka" «завáрка» und verdünnt dieses Konzentrat mit kochendem Wasser „kipitók" «кипитóк» aus dem Teekessel „tschájnik" «чáйник».

> ERFOLGREICH SHOPPEN

Mal ist es der schicke Schuh oder das schöne Souvenir, mal die Zahnbürste oder das Vollkornbrot – jetzt sind Sie für alle Eventualitäten gerüstet. Plus: praktische Zeigebilder

IM GESCHÄFT | w-magasínje | В МАГАЗИ́НЕ

Danke, ich sehe mich nur um.	spassíba, ja tólka smatrjú.	Спаси́бо, я то́лько смотрю́.
Wo finde ich ...?	gdje móschna najtí ...?	Где мо́жно найти ...?
Haben Sie ...?	u-was jest ...?	У Вас есть ...?
Nehmen Sie Kreditkarten?	wy prinimájitje kridítnyje kártatschki?	Вы принима́ете креди́тные ка́рточки?
Wie viel kostet es?	skólka éta stóit?	Ско́лько э́то сто́ит?
Das ist aber teuer!	no éta sche dóraga!	Но э́то же до́рого!
Geben Sie einen Rabatt?	wy dajótje skítku?	Вы даёте ски́дку?
Ich zahle höchstens ...	ja nje platschú bólsche tschem ...	Я не плачу́ бо́льше чем ...

EIN KAUFEN

Ich nehme es.	ja éta wasmú.	Я э́то возьму́.
Können Sie mir ein ...geschäft empfehlen?	wy ni-móschytje parikamindawát mnje magasín ...?	Вы не мо́жете порекомендова́ть мне магази́н …?

ÖFFNUNGSZEITEN wrjémja rabóty ВРЕ́МЯ РАБО́ТЫ

geöffnet	atkrýt	откры́т
geschlossen	sakrýt	закры́т
Betriebsferien	sakrýtije na-kalliktíwny ótpusk	закры́тие на коллекти́вный о́тпуск

GESCHÄFTE | magasíny | МАГАЗИНЫ

turistítschiskaj infarmázii
туристи́ческой информа́ции

patschtámt
почта́мт

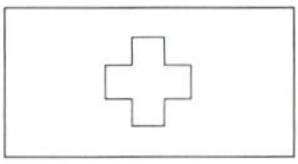

aptjéka
апте́ка

galantirjéja
галантере́я

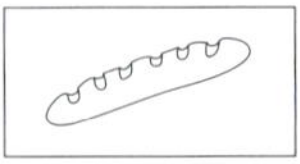

búlatschnaja, «chljep»
бу́лочная, «Хлеб»

awaschtschnój magasín
овощно́й магази́н

missnája láfka
мясна́я ла́вка

bia-magasín
био-магази́н

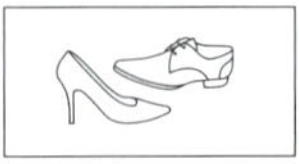

abuwnój magasín
обувно́й магази́н

óptika
о́птика

juwilírny magasín
ювели́рный магази́н

kaschgalantiréjny magasín
кожгалантере́йный магази́н

magasín eliktratawáraf
магази́н электротова́ров

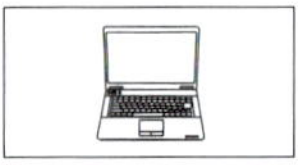

kampjútirny magasín
компью́терный магази́н

fatatawáry
фототова́ры

magasín mabílnikaf
магази́н моби́льников

gasjétny kiósk
газе́тный кио́ск

kníschny magasín
кни́жный магази́н

magasín plastínak
магази́н пласти́нок

magasín igrúschyk
магази́н игру́шек

wínny magasín
ви́нный магази́н

wódatschny magasín
во́дочный магази́н

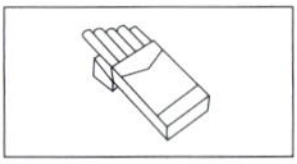

tabátschny magasín
таба́чный магази́н

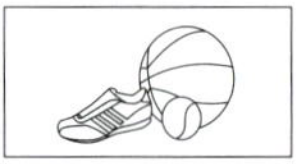

magasín sparttawáraf
магази́н спорттова́ров

zwitótschny magasín
цвето́чный магази́н

parikmáchir
парикма́хер

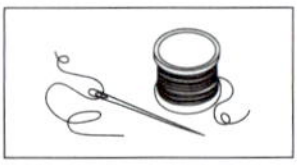

chasjájstwenyje tawáry
хозя́йственные това́ры

bjuró putischéstwi
бюро́ путеше́ствий

Einkaufszentrum	targówy zentr	торго́вый центр
Flohmarkt	talkútschka	толку́чка
Kaufhaus	uniwirmák	универма́г
Markt	rýnak	ры́нок
Reiseandenken	suwinír	сувени́р
Supermarkt	supirmárkit	суперма́ркет

> ***www.marcopolo.de/russisch***

APOTHEKE | aptjéka | АПТЕ́КА

Arzt: Seite 106 ff.

Wo ist die nächste (diensthabende) Apotheke?	gdje blischájschaja (dischúrnaja) aptjéka?	Где ближа́йшая (дежу́рная) апте́ка?
Geben Sie mir bitte etwas gegen ...	dájtje mnje schtó-nibut prótif ..., paschálsta.	Да́йте мне что́-нибудь про́тив …, пожа́луйста.

MAN NEHME ... Birjótsja БЕРЁТСЯ ...

innerlich	wnútr	вну́трь
äußerlich	narúschna	нару́жно
vor dem Essen	da-jidý	до еды́
nach dem Essen	pósslje jidý	по́сле еды́

weiter auf Seite 60

WIE DIE EINHEIMISCHEN

Insider Tipps

Nehmen Sie Kreditkarten?

„wy prinimájitje kridítnyje kártatschki?" «Вы принима́ете креди́тные ка́рточки?» In Hotels, größeren Geschäften, bei Autovermietern sowie an Bankautomaten werden problemlos Kreditkarten akzeptiert. Am meisten verbreitet ist die VISA-Card.

Die Warteschlange

Sollten Sie einmal in einer Schlange anstehen müssen, fragen Sie, falls die Schlange nicht geordnet aufgereiht steht, in die Menge: „kto pasljédnij?" «Кто после́дний?» („Wer ist der Letzte?"). Merken Sie sich, nach wem Sie dran sind. Wenn dann der nächste Hinzukommende dieselbe Frage stellt, antworten Sie: „Ja." «Я.» (Ich.) Sie können die Warteschlange kurz verlassen, wenn Sie der Person, die vor oder nach Ihnen in der Schlange steht, kurz sagen, dass sie nur für einen kurzen Moment weg sind «Я отойду на минутку.» „Já atajdú na minútku.", wird Ihr Platz für Sie reserviert.

Bauernmärkte und Basare

Es gibt zwei Arten von Märkten „rýnak" «ры́нок» (umgangssprachlich auch „basár" genannt): jene, die ein oder zwei Mal wöchentlich im Freien stattfinden und auf denen man einfach alles finden kann. Und jene, die werktäglich in speziellen Hallen von den Bauern der Umgebung abgehalten werden. Obst, Gemüse und Fleisch sind hier kaum teurer als in den Lebensmittelläden, dafür aber meist frischer und besser.

DROGERIE | galantirjéja | ГАЛАНТЕРЕ́Я

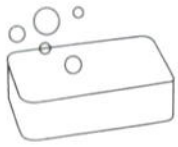
mýla
мы́ло

disadaránt
дезодора́нт

(kassmitítschiski) krjem
(космети́ческий) крем

tualjétnaja bumága
туале́тная бума́га

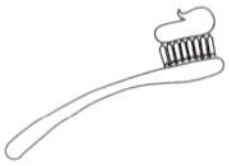
subnája schtschótka
зубна́я щётка

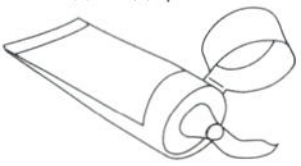
subnája pásta
зубна́я па́ста

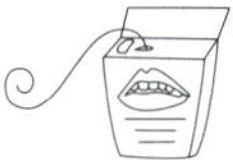
subnája nit
зубна́я нить

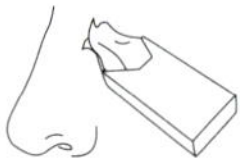
bumáschnyje nassawýje platkí
бума́жные носовы́е платки́

schampún
шампу́нь

lak dli-walós
лак для воло́с

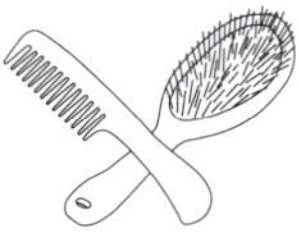
raschtschóska/schtschótka dli-walós
расчёска/щётка для воло́с

sjérkala
зе́ркало

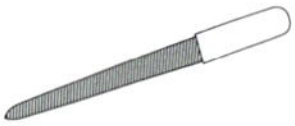
pílatschka dli-naktjéj
пи́лочка для ногте́й

pinzét
пинце́т

nóschnizy dli-naktjéj
но́жницы для ногте́й

duchí
духи́

tampóny
тампо́ны

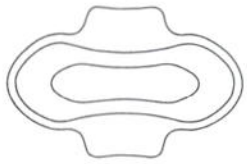
gigijinítschiskije praklátki
гигиени́ческие прокла́дки

tusch dli-rissníz
тушь для ресни́ц

gubnája pamáda
губна́я пома́да

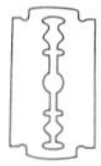
ljéswije dli-brítwy
ле́звие для бри́твы

brítwa
бри́тва

lasón dli-britjá
лосьо́н для бритья́

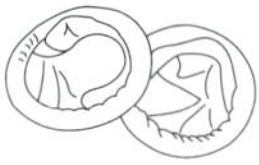
prisirwatíf
презервати́в

krjem ad-sagára
крем от зага́ра

grjélka
гре́лка

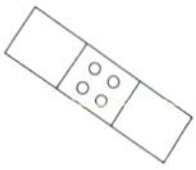
plástyr
пла́стырь

birúschy oropax
беру́ши оропа́кс

iglá
игла́

nítka
ни́тка

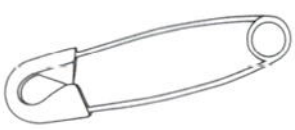
(bisapásnaja) buláfka
(безопа́сная) була́вка

púgawiza
пу́говица

ELEKTRO/COMPUTER/FOTO | eljéktra/kampjútir/fóta
ЭЛЕ́КТРО/КОМПЬЮ́ТЕР/ФО́ТО

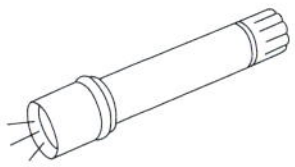
karmánny fanárik
карма́нный фона́рик

(eliktrítschiskaja) lámpatschka
(электри́ческая) ла́мпочка

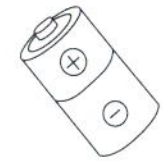
batarjéjka
батаре́йка

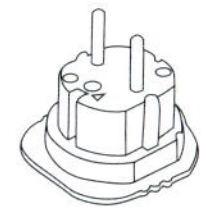
adáptir
ада́птер

náutbuk
но́утбук

saridnój kábil náutbuka
зарядно́й ка́бель но́утбука

kampagd-dísk/diwidí
компа́кт-диск/дивиди́

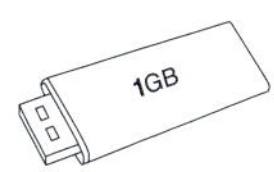

flesch-pámjat
флеш-па́мять

príntir
при́нтер

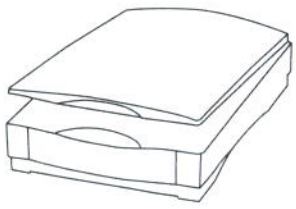
skánir
ска́нер

mabílnik
моби́льник

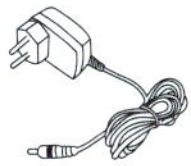
saridnój kábil dli-mabílnika
зарядно́й ка́бель для моби́льника

tiliwísar
телеви́зор

rádia
ра́дио

empitri-pljéjir/ájpot
МП3-пле́ер/iPod

naúschniki
нау́шники m pl

zyfrawój fataaparát
цифрово́й фотоаппара́т

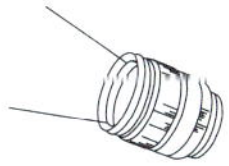
tiliabjiktíf
телеобъекти́в

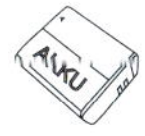

akkumuljátar
аккумуля́тор

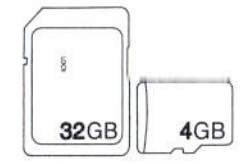

kárta pámiti
ка́рта па́мяти

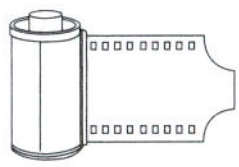
pljónka
плёнка

padnós
Поднос

fataaparát dli-padwódnych sjómak
фотоаппара́т для подво́дных съёмок

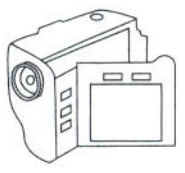
kinakámira
кинока́мера

budílnik
буди́льник

eliktrabrítwa
электробри́тва

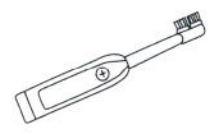
eliktrítschiskaja subnája schtschótka
электри́ческая зубна́я щётка

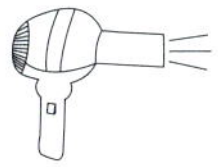
fjen
фен

Abführmittel	slabítilnaje srjétstwa	слаби́тельное сре́дство
Antibabypille	pratiwasatschátatschnaje srjétstwa (f-tabljétkach)	противозача́точное сре́дство (в табле́тках)
Antibiotikum	antibiótik	антибио́тик
Aspirin®	aspirín	аспири́н
Augentropfen	glasnýje kápli	глазны́е ка́пли f pl
Beruhigungsmittel	uspakáiwajuschtschije srjétstwa	успока́ивающее сре́дство
Brandsalbe	mas at-aschógaf	мазь f от ожо́гов
Desinfektionsmittel	disinfizírujuschtschije srjétstwa	дезинфици́рующее сре́дство
Elastikbinde	elastítschny bint	эласти́чный инт
Fieberthermometer	grádussnik	гра́дусник
Gegengift	pratiwajádije	противоя́дие
Gurgelwasser	palaskánije	полоска́ние
Halstabletten	tabljétki ad-górla	табле́тки от го́рла
Hustensaft	mixtúra at-káschlja	миксту́ра от ка́шля
Insektenmittel	srjétstwa at-nassikómych	сре́дство от насеко́мых
Insulin	inssulín	инсули́н
Jodtinktur	nastójka jóda	насто́йка йо́да
Kamille	ramáschka	рома́шка
Kondom	prisirwatíf	презервати́в
Kopfschmerztabletten	tabljétki ad-galawnój bóli	табле́тки от головно́й бо́ли
Kreislaufmittel	sirdjétschna-sassúdis- taje srjétstwa	серде́чно-сосу́дистое сре́дство
Medikament	likárstwa	лека́рство
Mullbinde	(márliwy) bint	(ма́рлевый) инт
Nebenwirkungen	pabótschnaje déjstwije	побо́чное де́йствие
Ohrentropfen	kápli w-úschy	ка́пли f pl в у́ши
Pflaster	plástyr	пла́стырь m
Pille danach	tablétka sljédujuschiwa dnja	табле́тка сле́дующего дня
Puder	púdra	пу́дра
Rezept	rizépt	реце́пт
Salbe	mas	мазь f
Schlaftabletten	snatwórnaje (f-tabljétkach)	снотво́рное (в табле́тках)
Schmerztabletten	baliutaljájuschtschije tabljétki	болеутоля́ющие табле́тки f pl
Sonnenbrand	sólnitschny aschók	со́лнечный ожо́г
Tablette	tabljétka	табле́тка
Tropfen	kápli	ка́пли f pl
Zäpfchen	swjétschka	све́чка

FRISEUR | parikmáchirskaja | ПАРИКМА́ХЕРСКАЯ

Kann ich mich für morgen anmelden?	móschna sapissátsja na-sáftra?	Мо́жно записа́ться на за́втра?
Schneiden …	patstrigítje wólassy …	Подстриги́те во́лосы …
… mit Waschen,	i pamójtje gólawu,	… и помо́йте го́лову,
… ohne Waschen,	bjes-mytjá galawý,	… без мытья́ головы́,
bitte.	paschálsta.	пожа́луйста.
Nicht zu kurz	ni-ótschin kóratka	Не о́чень ко́ротко
Ganz kurz	ótschin kóratka	О́чень ко́ротко
Etwas kürzer	pakarótsche	Покоро́че
… bitte.	… paschálsta.	… пожа́луйста.
Rasieren, bitte.	pabrjéjtje minjá, paschálsta.	Побре́йте меня́, пожа́луйста.
Stutzen Sie mir bitte den Bart.	patpráftje mnje bóradu, paschálsta.	Подпра́вьте мне бо́роду, пожа́луйста.
Vielen Dank.	balschóje spassíba.	Большо́е спаси́бо.
So ist es gut.	tak charaschó.	Так хорошо́.

Augenbrauen zupfen	schtschipát brówi	щипа́ть бро́ви
Bart	baradá	борода́
färben	pakrássit	покра́сить
föhnen	wýssuschyt fjénam	вы́сушить фе́ном
frisieren	sdjélat pritschósku	сде́лать причёску
Frisur	pritschóska	причёска
glätten	rasgláschywat	разгла́живать
Haar	wólassy	во́лосы m pl
Haarschnitt	stríschka	стри́жка
kämmen	pritschissát	причеса́ть
Locken	kúdri	ку́дри f pl
Pony	tschólka	чёлка
Scheitel	prabór	пробо́р
Schnurrbart	ussý	усы́ m pl
Schuppen	pjérchat	пе́рхоть f
Shampoo	schampún	шампу́нь m
Spitzen schneiden	stritsch kóntschiki walóss	стричь ко́нчики воло́с
Strähne	prjat	прядь
Stufen	stupjénki	ступе́ньки
tönen	patkrássit	подкра́сить

fudbólka
футбóлка

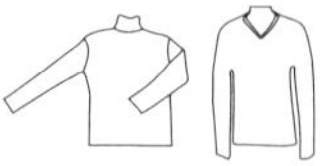

pulówir
пулóвер

pulóvir s-kapjuschónam
пулóвер с капюшóном

kúrtka
кýртка

brjúki
брю́ки f pl

schórty
шóрты m pl

júpka
ю́бка

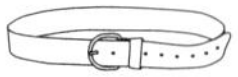

pójis
пóяс

blúska
блýзка

rubáschka
рубáшка

pidschák
пиджáк

wjásanaja kófta
вя́заная кóфта

kastjúm
костю́м

plátje
плáтье

kastjúm
костю́м

kóschanaje paltó
кóжаное пальтó

kalgótki
колгóтки f pl

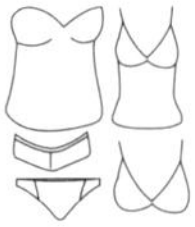

níschnije biljó
ни́жнее бельё

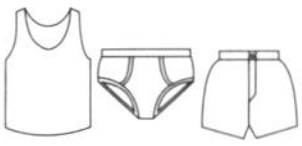

kupálny chalát
купáльный халáт

naskí/tschulkí
носки́/чулки m pl

pláfki
плáвки f pl

kupálnik
купáльник

bikíni
бики́ни n

schápka
шáпка

schljápa
шля́па

pirtschátki
перчáтки f pl

scharf
шарф

EINKAUFEN

KLEIDUNG | adjéschda | ОДЕ́ЖДА

Können Sie mir ... zeigen?	wy móschytje pakasát mnje ...?	Вы мо́жете показа́ть мне …?
Kann ich es anprobieren?	móschna primjérit?	Мо́жно приме́рить?
Welche Größe haben Sie?	kakój u-was rasmjér?	Како́й у Вас разме́р?
Das ist mir zu klein/groß.	éta slíschkam mála/wilikó dli-minjá.	Э́то сли́шком ма́ло/велико для меня́.
Das passt gut.	éta sidít charaschó.	Э́то сиди́т хорошо́.
Ich nehme es.	ja éta wasmú.	Я э́то возьму́.
Das ist nicht ganz, was ich möchte.	éta ni-tótschna to, schto ja chatjél/chatjéla.	Э́то не то́чно то, что я хоте́л m/хоте́ла f.
Haben Sie das auch noch in einer anderen Farbe?	éta u was jest i w-drugóm zwjéti?	Это у Вас есть и в друго́м цве́те?
Danke, ich denke nochmals darüber nach.	spassíba, ja jischtschó ras padúmaju.	Спаси́бо, я ещё раз поду́маю.

LEBENSMITTEL | pradúkty pitánija | ПРОДУ́КТЫ ПИТА́НИЯ

Eine ausführliche Übersicht von Lebensmitteln und Gerichten finden Sie im Kapitel ESSEN UND TRINKEN auf Seite 43 ff.

Was ist das?	schto éta takóje?	Что это тако́е?
Kann ich es probieren?	magú-li ja papróbawat?	Могу́ ли я попро́бовать?
Verkaufen Sie ...?	pradajótje-li wy ...	Продаёте ли Вы …
Bioprodukte	ekalagítschiski tschístye pradúkty?	экологи́чески чи́стые проду́кты?
Produkte aus der Region	pradúkty is étawa rigióna?	проду́кты из этого регио́на?
Geben Sie mir ..., bitte.	dájtje mnje ..., paschálsta.	Да́йте мне …, пожа́луйста.
ein Pfund (500 g) ...	palkílo (pjitsót grámmaf) ...	полкило́ (500 гра́ммов) …
ein Kilo ...	kilagrámm ...	килогра́мм …
ein Stück von ...	kussók ...	кусо́к …
eine Packung ...	pátschku ...	па́чку …
ein Glas ...	stikljánnuju bánku ...	стекля́нную ба́нку …
eine Dose/Flasche ...	bánku/butýlku ...	ба́нку/буты́лку …
eine Einkaufstüte.	mischók/pakjét.	мешо́к/паке́т.
Danke, das ist alles.	spassíba, éta fsjó.	Спаси́бо, э́то всё.

Biokost	ekalagítschiski tschístyje pradúkty	экологи́чески чи́стые проду́кты
Brot/Brötchen	chljep/búlatschki > S. 45, 48	хле/бу́лочки f pl
Butter	mássla > S. 45, 48	ма́сло

Ei	jijzó, jájza > S. 45, 48	яйцо́ sing, я́йца pl
Eis	ljót	лёд
Essig	úksus	у́ксус
Fisch	rýba > S. 47, 50	ры́ба
Fleisch	mjássa > S. 46, 50	мя́со
frisch	swjéschy	све́жий
Gemüse	ówaschtschi > S. 43, 51	о́вощи m pl
Getränke	napítki > S. 47, 52 f.	напи́тки
Kaffee	kófje > S. 47, 48, 52	ко́фе m
Käse	syr > S. 45, 48	сыр
(ohne) Konservierungsstoffe	(bjes) kansirwírujuschych srjétsf	(бес) консерви́рующих сре́дств
Margarine	margarín	маргари́н
Marmelade	warjénje	варе́нье
Mehl	muká	мука́
Milchprodukte	malótschnyje pradúkty	моло́чные проду́кты
Nudeln	lapschá	лапша́
Obst	frúkty > S. 44	фру́кты m pl
Öl	mássla	ма́сло
Pfeffer	pjériz	пе́рец
Sahne	smitána	смета́на
Salz	sol	соль f
Schokolade	schakalát > S. 48	шокола́д
Süßigkeiten	sládasti	сла́дости f pl
Vollkorn	zélnaje sirnó	це́льное зерно́
Wurst	kalbassá > S. 46, 48	колбаса́
(ohne) Zucker	bis-sáchara	без са́хара

OPTIKER | óptika | О́ПТИКА

Können Sie diese Brille/ das Gestell reparieren?	wy ni-móschytje patschínit éti atschkí/étu apráwu?	Вы не мо́жете почи́нить э́ти очки́/э́ту опра́ву?
Ich bin kurzsichtig/ weitsichtig.	ja blisarúki/blisarúkaja/ dalnasórki/dalnasórkaja.	Я близору́кий m/близору́кая f/дальнозо́ркий m/ дальнозо́ркая f.
Wann kann ich die Brille abholen?	kagdá móschna palutschít atschkí?	Когда́ мо́жно получи́ть очки́?
Ich brauche …	mnje nuschná …	Мне нужна́ …
Aufbewahrungslösung …	schýtkast dli-chranjénija …	жи́дкость для хране́ния …
Reinigungslösung …	schýtkast dli-atschístki …	жи́дкость для очи́стки …
für harte/weiche Kontakt-linsen.	twjórdych/mjáchkich kantáktnych lins.	твёрдых/мя́гких конта́ктных линз.
Ich suche …	ja ischtschú …	Я ищу́ …

Eintageslinsen.	adnadniwnýe línsy.	однодневны́е ли́нзы.
eine Sonnenbrille.	tjómnyje atschkí.	тёмные очки́.

SCHMUCKWAREN | juwilírnyje isdjélija | ЮВЕЛИ́РНЫЕ ИЗДЕ́ЛИЯ

Meine Uhr geht nicht mehr.	maí tschissý ni-rabótajut.	Мои́ часы́ не рабо́тают.
Können Sie mal nachsehen?	wy móschytje ich prawjérit?	Вы мо́жете их прове́рить?
Ich möchte ein hübsches Geschenk.	ja by chatjél/chatjéla charóschy padárak.	Я бы хоте́л m/хоте́ла f хоро́ший пода́рок.

Anhänger	kulón	кулóн
Armband	brassljét	брасле́т
Armbanduhr	narútschnyje tschissý	нару́чные часы́ m pl
Brosche	bróschka	бро́шка
echt	nastajáschtschi	настоя́щий
(Edel-)Stein	dragazénny kámin	драгоце́нный ка́мень
Gold	sólata	зо́лото
Kette	zypótschka	цепо́чка
Ohrringe	sjérgi	се́рьги f pl
Perle	schémtschuk	же́мчуг
Ring	kalzó	кольцо́
Schmuck	ukraschénije	украше́ние
Silber	siribró	серебро́
wasserdicht	wadaupórny	водоупо́рный

SCHUHGESCHÄFT | abuwnój magasín | ОБУВНО́Й МАГАЗИ́Н

Ich möchte ein Paar ...schuhe.	ja by chatjél/chatjéla páru ... batínak.	Я бы хоте́л m/хоте́ла f па́ру … боти́нок.
Ich habe Schuhgröße ...	u-minjá ... rasmjér.	У меня́ … разме́р.
Sie sind zu eng/weit.	aní slíschkam tjéssny/schyrakí.	Они́ сли́шком те́сны/широки́.

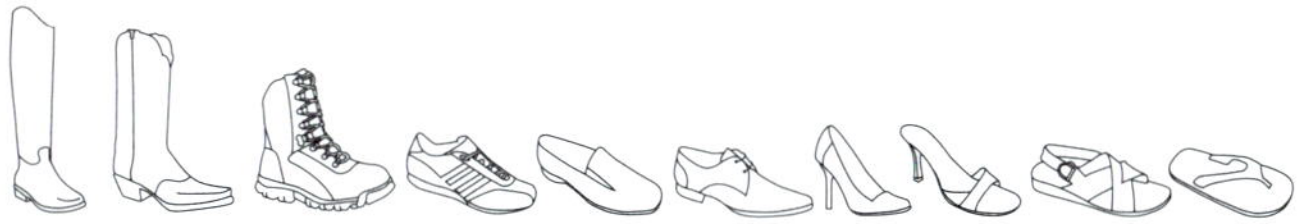

(mit) Absatz	na kablukách	на каблука́х
Damenschuh	schénskaja óbuw	же́нская о́бувь
Leder-/Gummisohle	kaschánaja/rísinawaja padóschwa	кожа́ная/рези́новая подо́шва

Männerschuh	muschskája óbuw	мужска́я о́бувь
Mokassin	makassín	мокаси́н
Sandalen	sandáli	санда́ли m pl
Schuhcreme	krjem dli-óbuwi	крем для о́буви
Sneakers	gimnastítschiskije túfli	гимнасти́ческие ту́фли f pl
Stiefel	sapagí	сапоги́ m pl
Wander-/Trekkingschuh	turístskaja óbuf	тури́стская о́бувь

SOUVENIRS | suwiníry | СУВЕНИ́РЫ

Ich hätte gern ...	ja by chatjél/chatjéla ...	Я бы хоте́л m/хоте́ла f …
ein schönes Andenken.	krassíwy suwinír.	краси́вый сувени́р.
etwas Typisches aus dieser Gegend.	schtó-nibut charaktjérnaje dli-étich mjest.	что-нибудь характе́рное для э́тих мест.
Ich möchte etwas nicht zu Teures.	chatschú schtó-nibut ni-slíschkam daragóje.	Хочу́ что-нибудь не сли́шком дорого́е.
Das ist aber hübsch.	wot éta krassíwa.	Вот э́то краси́во.
Können Sie mir das bitte als Geschenk verpacken?	paschálsta, móschytje-li wy upakówat éta f-padárak dlja minjá?	Пожа́луйста, мо́жете ли Вы упако́вать это в пода́рок для меня́?
Danke schön, ich habe nichts Passendes gefunden.	spassíba, no ja nitschiwó patchadjáschtschiwa ni-naschól./ni-naschlá.	Спаси́бо, но я ничего́ подходя́щего не нашёл. m/не нашла́. f

echt	nastajáschtschi	настоя́щий
handgemacht	rutschnája rabóta	ручна́я рабо́та
Keramik	kirámika	кера́мика
kitschig	bisfkússny	безвку́сный
Kristall	chrustál	хруста́ль m
Matrjoschka	matrjóschka	матрёшка
Mitbringsel	padárak	пода́рок
Porzellan/Gscheler Porzellan	farfór/gschel	фарфо́р/гжель f
regionales Produkt	mjésnaje isdjélje	ме́стное изде́лие
Samowar	samawár	самова́р
Schmuck	ukraschénije	украше́ние
Schnitzerei	risbá	резьба́
Töpferwaren	gantschárnyje isdjélija	гонча́рные изде́лия

SCHREIBWAREN UND BÜCHER | kanzyljárskije tawáry i knígi
КАНЦЕЛЯ́РСКИЕ ТОВА́РЫ И КНИ́ГИ

Ich hätte gern ...	ja by chatjél/chatjéla ...	Я бы хоте́л m/хоте́ла f …

eine deutsche Zeitung.	nimjézkuju gasjétu.	неме́цкую газе́ту.
eine Zeitschrift.	schurnál.	журна́л.
einen deutschen/englischen Roman.	nimjézki/anglíjski ramán.	неме́цкий/англи́йский рома́н.
einen Kriminalroman.	ditiktíwny ramán.	детекти́вный рома́н.
einen Reiseführer.	putiwadítil.	путеводи́тель.

Bleistift	karandásch	каранда́ш
Briefmarke	patschtówaja márka	почто́вая ма́рка
Briefumschlag	kanwJért	конве́рт
Kochbuch	pawárinnaja kníga	пова́ренная кни́га
Landkarte	(giagrafítschiskaja) kárta	(географи́ческая) ка́рта
Notizblock	blaknót	блокно́т
Papier	bumága	бума́га
Postkarte	atkrýtka	откры́тка
Reiseführer	putiwadítil	путеводи́тель m
Stadtplan	plan górada	план го́рода
Straßenkarte	kárta aftamabílnych darók	ка́рта автомоби́льных доро́г
eine Wanderkarte dieser Gegend	marschrútnuju turístskuju kártu étawa rajóna	маршру́тную тури́стскую ка́рту э́того райо́на
Zeitschrift/Zeitung	schurnál/gasjéta	журна́л/газе́та

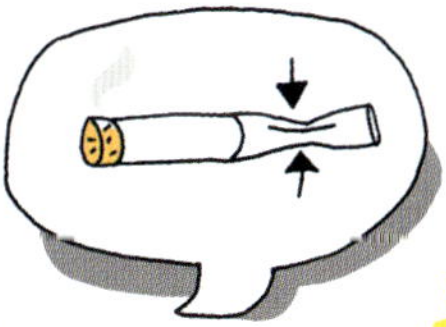

WIE DIE EINHEIMISCHEN

Insider Tipps

Was das Herz begehrt

Russland ist – insbesondere auf dem Land – kein Einkaufsmekka, aber das kilometerlange Schlangestehen nach Speiseöl oder Kinderschuhen gehören längst der Vergangenheit an. In Moskau und St. Petersburg findet man alles, was das Herz begehrt. Filialen namhafter westlicher Designer und großer Ketten haben sich hier etabliert. Besonders reizvoll ist es, durch wunderschöne Jugendstil-Geschäfte oder ganze Passagen aus der vorigen Jahrhundertwende zu bummeln und in Geschäften mit regionalem kunstgewerblichem Sortiment, den sogenannten Kunstsalons chudóschystwinny salón «худо́жественный сало́н» nach originellen Geschenken Ausschau zu halten.

Starker Tobak

Bei russischen Rauchern sind papiróssy «папиро́сы» beliebt: Sie bestehen zur Hälfte aus starkem schwarzem Tabak und zur anderen Hälfte aus einem Papprohr, das an zwei Stellen eingedrückt wird und als Mundstück dient.

> ZIMMER MIT AUSSICHT

Ob WLAN im Hotel, die Kinderbetreuung in der Ferienanlage, die Rechnung per Kreditkarte – alles nur eine Frage des Service. Äußern Sie Ihre Wünsche!

AUSKUNFT

> Reiseplanung: Seite 10 f.

Können Sie mir ... empfehlen?	wy ni-passawjétujutje mnje ...?	Вы не посове́туюте мне …?
ein gutes Hotel	charóschuju gastínizu	хоро́шую гости́ницу
eine Pension/ein Zimmer	panssión/nómir	пансио́н/но́мер
Gibt es hier einen Campingplatz?	sdjes jest kjémpink?	Здесь есть ке́мпинг?
Können Sie mir bitte etwas in der Nähe empfehlen?	móschytje-li wy pasawjéta-watsja mnje kóje-schta pablíschi?	Мо́жете ли Вы посове́товаться мне ко́е-что побли́же?

ÜBER NACHTEN

... IM HOTEL

REZEPTION | administrázyja | АДМИНИСТРА́ЦИЯ

Ich habe bei Ihnen ein Zimmer reserviert.	ja sakasál/sakasála u-was nómir.	Я заказа́л m/заказа́ла f у Вас но́мер.
Mein (Familien-)Name ist ...	majá família ...	Моя́ фами́лия …
Haben Sie noch Zimmer frei?	u-was jest swabódnyje namirá?	У вас есть свобо́дные номера́?
... für eine Nacht.	... na-adnú notsch.	… на одну́ ночь.

... für zwei Tage.	... na-dwje nótschi.	… на две но́чи.
... für eine Woche.	... na-nidjélju.	… на неде́лю.
Nein, wir sind leider vollständig belegt.	njet, k-saschaljéniju, fsjó sánita.	Нет, к сожале́нию, всё за́нято.
Ja, was für ein Zimmer wünschen Sie?	jest. kakój nómir wy schylájitje?	Есть. Како́й но́мер Вы жела́ете?
Ein Einzelzimmer ...	adnamjéssny nó-mir ...	Одноме́стный но́мер …
Ein Zweibettzimmer ...	dwuchmjéssny nómir ...	Двухме́стный но́мер …
mit Dusche.	s-dúschym.	с ду́шем.
mit Bad.	s-wánnaj.	с ва́нной.
mit Blick aufs Meer.	s-wídam na-mórje.	с ви́дом на мо́ре.
Kann ich das Zimmer ansehen?	móschna pasmatrjét nómir?	Мо́жно посмотре́ть но́мер?
Ich nehme es.	ja éta wasmú	Я это возьму.
Können Sie noch ein drittes Bett dazustellen?	wy móschytje pastáwit w-nómir trjétju krawát?	Вы мо́жете поста́вить в но́мер тре́тью крова́ть?
Haben Sie WLAN?	u was jest Wi-Fi?	У Вас есть Wi-Fi?
Was kostet das Zimmer ...	skólka stóit nómir ...	Ско́лько сто́ит но́мер …
mit Frühstück?	s-sáftrakam?	с за́втраком?
mit Halbpension?	s-sáftrakam i úschynam.	с за́втраком и у́жином.
mit Vollpension?	s-pólnym panssiónam?	с по́лным пансио́ном?
Ab wann gibt es Frühstück?	kagdá natschinájitsja sáftrak?	Когд́ начина́ется за́втрак?
Wo ist das Restaurant?	gdje nachóditsja ristarán?	Где нахо́дится рестора́н?
Wecken Sie mich bitte morgen früh um ... Uhr.	rasbudítje minjá sáftra útram f ... tschissóf, paschálsta.	Разбуди́те меня́ за́втра у́тром в ... часо́в, пожа́луйста.

> Frühstück: ESSEN UND TRINKEN auf Seite 48

BEANSTANDUNGEN | schálaby | ЖА́ЛОБЫ

Mein Zimmer ist nicht gereinigt worden.	ni-ubráli moj nómir.	Не убра́ли мой но́мер.
Die Dusche ...	dusch	душ
Die Spülung ...	spusk wadý	спуск воды́
Die Heizung ...	atapljénije	отопле́ние
Das Licht ...	swjet	свет
... funktioniert nicht.	... ni-rabótajit.	… не рабо́тает.
Es kommt kein (warmes) Wasser.	njet (garjátschi) wadý.	Нет (горя́чей) воды́.
Die Toilette/Das Waschbecken ist verstopft.	tualjét/umywálnik sassarjón.	Туале́т/Умыва́льник засорён.

ABREISE | atjést | ОТБЕ́ЗД

Wann muss ich spätestens auschecken?	f-kakóje sámaje pósnaje wrjémja náda aswabadít nómir?	В како́е са́мое по́зднее вре́мя на́до освободи́ть но́мер?
Kann ich mein Gepäck bis (heute Abend) hierlassen?	móschna-li mne pastawit sdjes swoj bagasch da (wjétschira)?	Мо́жно ли мне поста́вить здесь свой бага́ж до (ве́чера)?
Ich reise heute Abend/ morgen um ... Uhr ab.	ja ujédu siwódnja wjétschiram/ sáftra f ... tschissóf.	Я уе́ду сего́дня ве́чером/ за́втра в … часо́в.
Machen Sie bitte die Rechnung fertig.	prigatóftje schtschót, paschálsta.	Пригото́вьте счёт, пожа́луйста.
Nehmen Sie Kreditkarten?	wy prinimájitje kridítnyje kártatschki?	Вы принима́ете креди́тные ка́рточки?
Vielen Dank für alles!	balschóje spassíba sa-fsjó!	Большо́е спаси́бо за всё!

Abendessen	úschyn	у́жин
Adapter	adáptir	ада́птер
Babyphone	radianjánja	радионя́ня
Bademantel	kupálny chalát	купа́льный хала́т
Badezimmer	wánnaja	ва́нная
barrierefrei	bispripjátstwenyj	беспрепятственный
Bett	krawát	крова́ть f
Bettwäsche	pastjélnaje biljó	посте́льное бельё
Bügeleisen	utjúk	утю́г
Dusche/Duschsitz	dusch/sidénie dlja dúscha	душ/Сидение для душа
Etage	etásch	эта́ж
Fenster	aknó	окно́

WIE DIE EINHEIMISCHEN

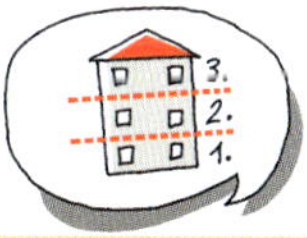

Insider Tipps

Wohnen in Privatquartieren

Die Preise für Hotelübernachtungen in Moskau und St. Petersburg zählen zu den höchsten der Welt. Die aktuellen Preise können Sie im Internet in Erfahrung bringen. Es kann sich daher durchaus lohnen, in Privatwohnungen unterzukommen. Die Besitzer ziehen kurzfristig zu Verwandten oder Freunden, um das Haushaltsbudget durch die Untervermietung aufzubessern.

Kein Erdgeschoss!

In Russland wird bereits das Erdgeschoss als 1. Stock gezählt (1. Stock = Erdgeschoss = „pjérwy etásch" «пе́рвый эта́ж»). Mit „ftarój etásch" «второ́й эта́ж», wörtlich übersetzt „zweiter Stock", ist also die erste Etage gemeint.

Frühstück	sáftrak	за́втрак
Frühstücksraum	bufjét, ristarán	буфе́т, рестора́н
Halbpension	pólupanssión, sáftrak i úschyn	полупансио́н, за́втрак и у́жин
Handtuch	palatjénze	полоте́нце
Hauptsaison	rasgár sisóna	разга́р сезо́на
Heizung	atapljénije	отопле́ние
Kinderbetreuung	uchót sa-ditmí	ухо́д за детьми́
Kinderbett	djétskaja krawát	де́тская крова́ть
Klimaanlage	kandizyanjér	кондиционе́р
Kopfkissen	padúschka	поду́шка
Lampe	lámpa	ла́мпа
Mittagessen	abjét	обе́д
Nachsaison	passlissisónny piríat	послесезо́нный пери́од
Pension	panssión	пансио́н
Portier	schwijzár, partjé	швейца́р, портье́
Powernap	krátkij dniwnój son	краткий дневной сон
reinigen	ubrát	убра́ть
(Sofort-)Reinigung (Kleidung)	(srótschnaja) tschístka (adjéschdy)	(срочная) чи́стка (оде́жды)
Spielzimmer	djétskaja igrawája kómnata	де́тская игрова́я ко́мната
Reservierung	branírawanije	брони́рование
Restaurant	ristarán	рестора́н
Rezeption	administrázyja	администра́ция
rollstuhlgerecht	prispasóblenoje dlja inwalídnych krésel	приспособленное для инвалидных кресел
Safe	sjejf	сейф
Schlüssel	kljutsch	ключ
Schrank	schkaf	шкаф
Spiegel	sjérkala	зе́ркало
Steckdose	rasjétka	розе́тка
Stecker	schtjépsil, wílka	ште́псель m, ви́лка
Toilette	tualjét	туале́т
Toilettenpapier	tualjétnaja bumága	туале́тная бума́га
Übernachtung (mit Frühstück)	natschljék (s-sáftrakam)	ночле́г (с за́втраком)
Vollpension	pólny panssión	по́лный пансио́н
Vorsaison	wrjémja da-natschála sisóna	вре́мя до нача́ла сезо́на
Waschbecken	umywálnik	умыва́льник
(kaltes/warmes) Wasser	(chalódnaja/garjátschaja) wadá	(холо́дная/горя́чая) вода́
Wasserhahn	kran	кран
WLAN	waifai	вайфа́й
Zimmer	kómnata	ко́мната
Zimmermädchen	górnitschnaja	го́рничная
Zwischenstecker	pirichadník	переходни́к

ÜBERNACHTEN

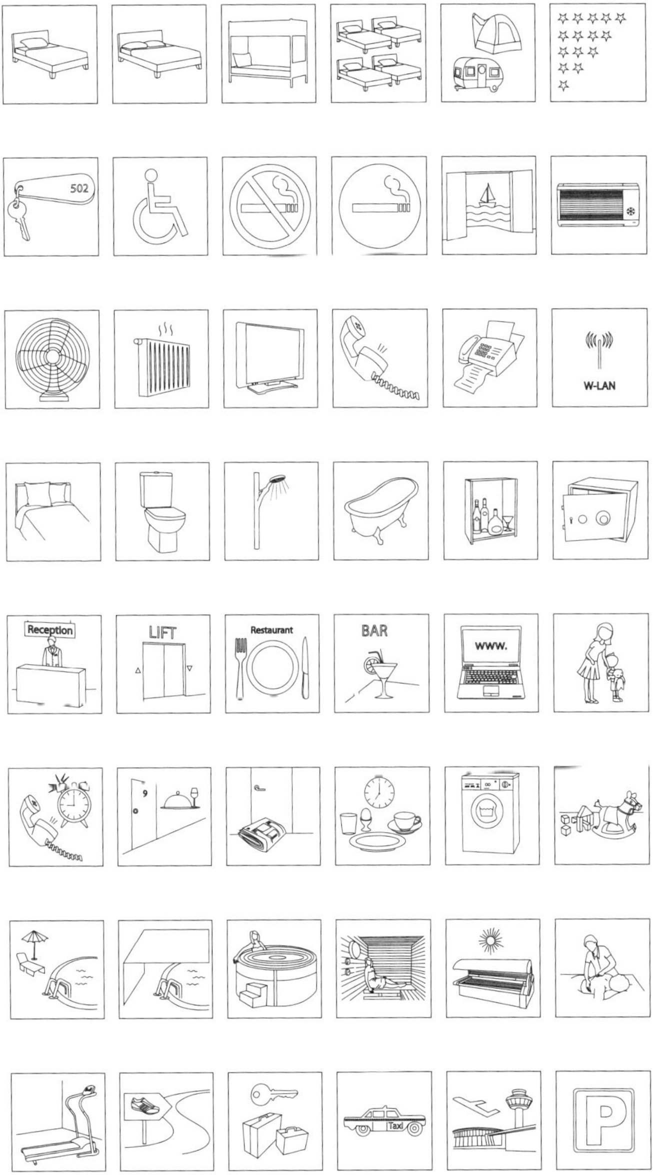

... IM FERIENHAUS

Reiseplanung: Seite 11

Ist der Strom-/Wasserverbrauch im Mietpreis enthalten?	arjénda fkljutschájit stóimast eliktraenjérgii i wadý?	Аре́нда включа́ет сто́имость электроэне́ргии и воды́?
Sind Bettwäsche und Handtücher vorhanden?	pridastawljájitsja li pastjélnaje biljó i palatjénza?	Предоставля́ется ли посте́льное бельё и полоте́нца?
Wo bekommen wir die Schlüssel für das Haus/die Wohnung?	gdje móschna palutschít kljutschí ad-dóma/at-kwartíry?	Где мо́жно получи́ть ключи́ от до́ма/от кварти́ры?
Wann muss die Kaution/die Miete bezahlt werden?	kagdá náda saplatít salók?/sa-arjéndu?	Когда́ на́до заплати́ть зало́г?/за аре́нду?
Müssen wir die Endreinigung selbst übernehmen?	nam núschna samím ubrátsja pirid-atjésdam?	Нам ну́жно сами́м убра́ться перед отъе́здом?
Wohin kommt der Müll?	kudá náda wynasít músar	Куда надо выносить мусор
Gibt es hier ein Lebensmittelgeschäft?	sdes est praduktówyj magasín	Здесь есть продуктовый магазин?

weiter auf Seite 76

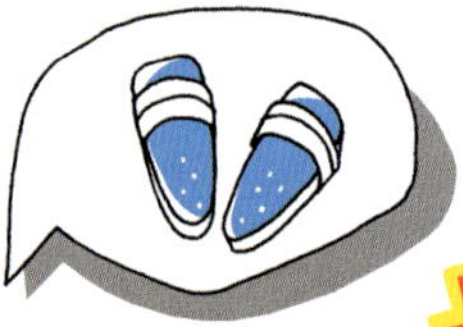

WIE DIE EINHEIMISCHEN

Insider Tipps

Ab in die „Bánja" «Ба́ня»

Ins Dampfbad geht man in Russland gern und ausgiebig – Alters- und Klassenunterschiede sind hier aufgehoben, Männer und Frauen häufig noch getrennt. Das russische Dampfbad ist sehr viel heißer und feuchter als die finnische Sauna. In der Banja schlägt man sich gegenseitig mit Birkenruten „wjéniki" «ве́ники» zwecks besserer Durchblutung. Und bei den Männern gibt's schon auch mal Wodka oder Bier mit eingelegten Gurken und Pilzen – zwecks besserer Unterhaltung?

Zeigt her eure Füße, ...

Sind Sie in Russland in eine Privatwohnung eingeladen, werden Ihnen unaufgefordert „tápotschki" «та́почки» angeboten. Ziehen Sie diese Hausschuhe unbedingt an, denn es gilt als äußerst unhöflich, mit Straßenschuhen fremde Wohnungen zu betreten. Angesichts der oft schmutzigen Straßen und Wege durchaus verständlich!

tarjélka
тарéлка

stakán/stakány
стакáн/стакáны

tscháschka
чáшка

patstáfka dli-jiíz
подстáвка для яиц

wílka
вúлка

lóschka
лóжка

nosch
нож

kaféjnaja lóschitschka
кофéйная лóжечка

mischálka
мешáлка

pikárskaja lapáta
пекáрская лопáта

rasliwátilnaja lóschka
разливáтельная лóжка

wjéntschik dli-wsbiwánija
вéнчик для взбивáния

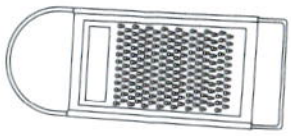
tjórka
тёрка

rasdjélatschnaja daská
раздéлочная доскá

sitó
ситó

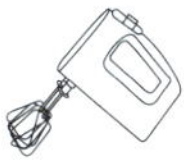
míxir
мúксер

kastrjúlja
кастрю́ля

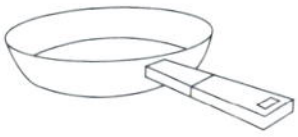
skawaróda
сковорóда

míska/i
мúска/и

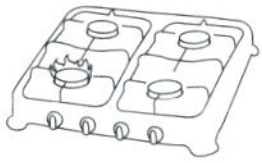
gásawaja plitá
гáзовая плитá

duchófka
духóвка

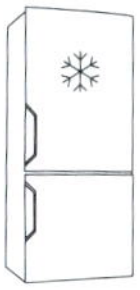
chaladílnik
холодúльник

passudamóitschnaja maschýna
посудомóечная машúна

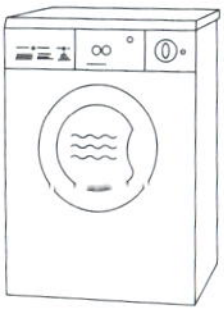
stirálnaja maschýna
стирáльная машúна

eliktrakipitílnik dli-wódy
электрокипятúльник для вóды

kafiwárka
кофевáрка

kaféjny filtr
кофéйный фильтр

tóstir
тóстер

pylisós
пылесóс

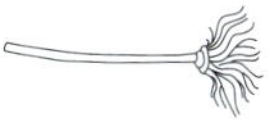
schwábra
швáбра

utjúk
утю́г

biliwája wirjófka
бельевáя верёвка

mitlá
метлá

sawók
совóк

srjétstwa dli-tschístki
срéдства для чúстки

widró
ведрó

Anreisetag	djen pribýtija	день m прибы́тия
Anzahlung	sadátak	зада́ток
Appartement	kwartíra	кварти́ра
Bettwäsche	pastjélnaje biljó	посте́льное бельё
Bungalow	dátscha	да́ча
Endreinigung	ubórka pirid-atjésdam	убо́рка перед отъе́здом
Ferienhaus/Ferienwohnung	dátscha/kwartíra	да́ча/квартира
Handtuch	palatjénze	полоте́нце
Hausbesitzer/in	damawladjéliz/ damawladjéliza	домовладе́лец/ домовладе́лица
Kaution	salók	зало́г
Miete	arjénda, padnájim	аре́нда, подна́ем
Müll	mússar	му́сор
Mülltrennung	rasdiljénije mússara	разделе́ние му́сора
Nebenkosten	dapalnítilnyje rasschódy	дополни́тельные расхо́ды
Schlafcouch	diwán(-krawát)	дива́н(-крова́ть)
Schlafzimmer	spálnja	спа́льня
Schlüssel	kljutsch	ключ
Strom	tok	ток
vermieten	sdawát wnajóm	сдава́ть внаём

... AUF DEM CAMPINGPLATZ

Haben Sie noch Platz für einen Wohnwagen/ für ein Zelt?	u-was jest mjésta dli-adnawó prizépa-dátschi/ dli-adnój palátki?	У вас есть ме́сто для одного́ прице́па-да́чи/ для одно́й пала́тки?
Wie hoch ist die Gebühr pro Tag und Person?	skólka stóit adín djen praschywánija dli-adnawó tschilawjéka?	Ско́лько сто́ит оди́н день прожива́ния для одного́ челове́ка?
Wie hoch ist die Gebühr für ...?	skólka platít ...?	Ско́лько плати́ть …?
Wir bleiben ... Tage/ Wochen.	my sdjes prabúdim ... dnjej/nidjéli.	Мы здесь пробу́дем … дней/неде́ли.
Wo sind ...	gdje ...	Где …
die Toiletten?	tualjéty?	туале́ты?
die Waschräume?	umywálnye?	умыва́льные?
die Duschen?	duschywýe?	душевы́е?
Gibt es hier Stromanschluss?	sdjes padwidinó eliktrítschistwa?	Здесь подведено́ электри́чество?
Wo kann ich Gasflaschen umtauschen?	gdje móschna minját gásawye ballóny?	Где мо́жно меня́ть га́зовые балло́ны?
Ist der Campingplatz bei Nacht bewacht?	kjémpink achranjáitsja nótschju?	Ке́мпинг охраня́ется но́чью?

ÜBERNACHTEN

Abfallbeutel	mússarny mischók	му́сорный мешо́к
Alufolie	(aljumínijiwaja) falgá	(алюми́ниевая) фольга́
Benutzungsgebühr	pláta sa-pólsawanije	пла́та за по́льзование
Brennspiritus	dinaturírawanny spirt	денатури́рованый спирт
Camping/Campingplatz	kjémpink	ке́мпинг
Dosenöffner	kanssjérwny nosch	консе́рвный нож
Essbesteck	stalówy pribór	столо́вый прибо́р
Flaschenöffner	atkrywálka	открыва́лка
Gasflasche	gásawy ballón	га́зовый балло́н
Gaskocher	gásawaja plítka	га́зовая пли́тка
Geschirrspülbecken	mójka dli-passúdy	мо́йка для посу́ды
Grill	gril	гриль m
Grillkohle	úgal dli-grílja	у́голь m для гри́ля
Hammer	malatók	молото́к
Hering (Zelt)	kólyschyk	ко́лышек
Kerzen	swjétschi	све́чи f pl
Kocher	plítka	пли́тка
Korkenzieher	schtópar	што́пор
Küche	kúchnja	ку́хня
leihen	brat naprakát	брать напрока́т
Leihgebühr	pláta sa-prakát	пла́та за прока́т
Petroleum	kirassín	кероси́н
Petroleumlampe	kirassínawaja lámpa	кероси́новая ла́мпа
Propangas	prapán	пропа́н
Schlafsack	spálny mischók	спа́льный мешо́к
Spaten	lapáta	лопа́та
Steckdose	rasjétka	розе́тка
Stecker	schtjépsil, wílka	ште́псель m, ви́лка
Strom	tok, eliktrítschistwa	ток, электри́чество
Stromanschluss	eliktrítschiski wwot	электри́ческий ввод
Taschenlampe	karmánny fanárik	карма́нный фона́рик
Taschenmesser	piratschínny nóschyk	перочи́нный но́жик
Trinkwasser	pitiwája wadá	питьева́я вода́
Voranmeldung	pridwarítilnaja sajáfka	предвари́тельная зая́вка
Wäschetrockner	suschýlka dli-biljá	суши́лка для белья́
Waschraum	umywálnaja	умыва́льная
Wasser	wadá	вода́
Wasserkanister	kanístra dli-wadý	кани́стра для воды́
Wohnmobil	kjémpir	ке́мпер
Wohnwagen	karawán	карава́н
Zelt	palátka	пала́тка
zelten	schyt f-palátkje	жить ipf в пала́тке
Zeltschnur	palátatschnaja wirjófka	пала́точная верёвка
Zeltstange	palátatschnaja stójka	пала́точная сто́йка

> WAS UNTERNEHMEN WIR?

Ob authentischer Kochkurs, spannende Wandertour oder großartiger Theaterabend: Die nächsten Seiten helfen Ihnen dabei, jede Menge Urlaubsabenteuer zu erleben.

AUSKUNFT

Ich brauche einen Stadtplan von ...	mnje núschyn plan górada ...	Мне ну́жен план го́рода … (+gen)
Welche Sehenswürdigkeiten gibt es hier?	kakíje sdjes dasta-primitschátilnasti?	Каки́е здесь досто-примеча́тельности?
Gibt es Stadtrundfahrten?	prawóditssja li aftó-bussnyje exkúrssii pagóradu?	Прово́дятся ли авто́бусные экску́рсии по го́роду?

VOLLES PROGRAMM

SEHENSWÜRDIGKEITEN/MUSEEN

Wann ist das Museum geöffnet?	kagdá musjéj atrkrýt?	Когда́ музе́й отркры́т?
Wann beginnt die Führung?	kagdá natschinájitssja exkúrssija?	Когда́ начина́ется экску́рсия?
Gibt es auch eine Führung auf Deutsch/Englisch?	jest exkúrsija na nimjézkam/anglíjskam?	Есть экску́рсия на не́мецком/англи́йском?
Darf man hier fotografieren?	sdes mózhna fatagrafírawat	Здесь можно фотографировать?

Altar	altár	алта́рь m
Altstadt	stáraja tschast górada	ста́рая часть го́рода
Architektur	architiktúra	архитекту́ра
Audioguide	audiagít	аудиоги́д
Ausgrabungen	raskópki	раско́пки f pl
Ausstellung	wýstafka	вы́ставка
Besichtigung	assmótr	осмо́тр
Bild	óbras	о́браз
Bildhauer	skúlptar	ску́льптор
Burg	krjéml	кре́мль
Denkmal	pámitnik	па́мятник
Festung	krjépast	кре́пость f
Fremdenführer/in	git, exkurssawót	гид, экскурсово́д
Friedhof	kládbischtsche	кла́дбище
Führung	exkúrssija	экску́рсия
Galerie	galirjéja	галере́я
Gebäude	sdánije	зда́ние
Gemälde	kartína	карти́на
Gobelin	gabiljén	гобеле́н
Gottesdienst	bagassluschénije	богослуже́ние
Ikonostase	ikanastás	иконоста́с
Innenstadt	zentr górada	центр го́рода
Kapelle	tschissównja	часо́вня
Kathedrale	sabór	собо́р
Kirche/Dom	zérkaf/sabór	це́рковь f/собо́р
Kloster	manastýr	монасты́рь m
Künstler/in	chudóschnik/chudóschniza	худо́жник/худо́жница

WIE DIE EINHEIMISCHEN

Insider Tipp

Kulturelle Fülle

Russland ist ein kulturhistorisch spannendes Land. Seine orthodoxen Kirchen und Klöster sind etwas ganz Besonderes, und viele werden wieder in ihrer eigentlichen Funktion genutzt, nachdem sie in kommunistischen Zeiten als Lagerhallen oder gar Schwimmbäder zweckentfremdet wurden. Spektakulär war der komplette Wiederaufbau der Moskauer Erlöserkathedrale in den 90er-Jahren. Eine Überfülle an Kunstschätzen bieten Moskau und Sankt Petersburg mit ihren historischen Stadtzentren, reichen Kunstsammlungen und prachtvollen Kirchen und Palästen.

VOLLES PROGRAMM

Malerei	schýwapis	живо́пись f
Maler/in	chudóschnik/chudóschniza	худо́жник/худо́жница
Museum	musjéj	музе́й
Plastik	plástika	пла́стика
Platz	plóschtschat	пло́щадь f
Porzellan	farfór	фарфо́р
Religion	rilígija	рели́гия
restaurieren	ristawrírawat	реставри́ровать
Ruine	raswáliny	разва́лины f pl
Schloss	sámak	за́мок
Sehenswürdigkeiten	dastaprimitschátilnasti	достопримеча́тельности f pl
Stadtrundfahrt	exkúrssija pa-góradu	экску́рсия по го́роду
Turm	báschnja	ба́шня
Zar/in	zar/zaríza	царь/цари́ца

AUSFLÜGE

Wann treffen wir uns?	kagdá fstrjétimsja?	Когда́ встре́тимся?
Wo fahren wir los?	atkúda my atprawljáimsja?	Отку́да мы отправля́емся?
Kommen wir am/an ... vorbei?	prajédim míma ...?	Прое́дем ми́мо … (+gen)?
Besichtigen wir auch ...?	pasitím tágschy ...?	Посети́м та́кже …?
Wann fahren wir zurück?	kagdá my ujédim abrátna?	Когда́ мы уе́дем обра́тно?

Ausflug	exkúrssija	экску́рсия
Ausslchtspunkt	smatrawája plaschtschátka	смотрова́я площа́дка
Fluss	riká	река́
Fischerhafen	port rybalównaj flatílii	порт рыболо́вной флоти́лии
Freilichtmuseum	muséj pad-atkrýtym njébam	музе́й под откры́тым не́бом
Freizeitpark	park kultúry i ódycha	парк культу́ры и о́тдыха
Gartenanlage	sat	сад
Gebirge	góry	го́ры f pl
Geländewagen	aftamabíl wysókaj prachadímasti	автомоби́ль высо́кой проходи́мости
Höhle	pischtschéra	пеще́ра
Inselrundfahrt	exkúrsija pa-óstrawu	экску́рсия по о́строву
Karawanserei	karawan-saráj	карава́н-сара́й
Landesinnere	wnutrí straný	внутри́ страны́
Landschaft	pijsásch	пейза́ж
Markt	rýnak	ры́нок
Museumsdorf	muséj-dirjéwnja	музе́й-дере́вня
Naturschutzgebiet	sapawjédnik	запове́дник

Plantagen	plantázija	планта́ция
Rundfahrt	exkúrssija	экску́рсия
Schlucht	uschtschélje	уще́лье
See	ósira	о́зеро
Tagesausflug	adnadnjéwnaja exkúrssija	однодне́вная экску́рсия
Tal	dalína	доли́на
Wald	ljes	лес
Wallfahrtsort	mjésta palómnitschistwa	ме́сто памо́мничества
Wasserfall	wadapát	водопа́д
Wildpark	achótnitschi park	охо́тничий парк
Zoo	saapárk	зоопа́рк

AM ABEND

CLUB | klub | КЛУБ

Was ist ... los?	schto praischódit ...	Что происхо́дит …
dieses Wochenende	na éti wychadnýje?	на эти выходны́е?
heute Abend	siwódnja wjétschiram?	сего́дня ве́чером?
Was kann man hier abends unternehmen?	tschem móschna sdjes sanjátsja wjétschiram?	Чем мо́жно здесь заня́ться ве́чером?
Gibt es hier eine gemütliche Kneipe?	jest sdjes ujútnaje kafjé?	Есть здесь ую́тное кафе́?
Wo kann man hier tanzen gehen?	gdje móschna sdjes patanzywát?	Где мо́жно здесь потанцева́ть?
Welche Musikrichtung wird hier gespielt?	kakóje naprawljénije músyki igrájut sdjés?	Како́е направле́ние му́зики игра́ют здесь?
Ein Bier, bitte.	adnó píwa, paschálsta.	Одно́ пи́во, пожа́луйста.
Das Gleiche noch einmal.	to sche sámaje jischtschó ras.	То же са́мое ещё раз.
Diese Runde übernehme ich.	na-état ras platschú ja.	На э́тот раз плачу́ я.
Wollen wir tanzen?	patanzújem?	Потанцу́ем?

ausgehen	wychadít (kudá-nibut)	выходи́ть (куда́-нибудь)
Band	grúppa	гру́ппа
Bar/Club/Diskothek	bar/klub/diskatjéka	бар/клуб/дискоте́ка
Folkloremusik	naródnaja músyka	наро́дная му́зыка
Kneipe	kafjé, piwnája, bar	кафе́, пивна́я, бар
Livemusik	musykálnaje saprawaschdjénije	музыка́льное сопровожде́ние
Party	witschirínka	вечери́нка
Schwulen-/Lesbenszene	sridá géjef/lisbjának	среда́ ге́ев/лесби́янок
tanzen	tanzywát	танцева́ть

VOLLES PROGRAMM

THEATER/KONZERT/KINO | tiátr/kanzért/kinó ТЕА́ТР/КОНЦЕ́РТ/КИНО́

Haben Sie einen Veranstaltungskalender für diese Woche?	u-was jest pragrámma miraprijáti na-étu nidjélju?	У Вас есть програ́мма мероприя́тий на э́ту неде́лю?
Was wird heute Abend im Theater gespielt?	schto siwódnja wjétschiram idjót f-tiátrje?	Что сего́дня ве́чером идёт в теа́тре?
Können Sie mir ein gutes Theaterstück/einen guten Film empfehlen?	wy ni-passawjétujitje mnje charóschuju pjéssu/ charóschy film?	Вы не посове́туете мне хоро́шую пье́су/ хоро́ший фильм?
Wann beginnt die Vorstellung?	kagdá natschinájitsja pritstawljénije?	Когда́ начина́ется представле́ние?
Wo bekommt man Karten?	gdje móschna wsjat biljéty?	Где мо́жно взять биле́ты?
Bitte zwei Karten für heute Abend.	dwa biljéta na-siwódnischni wjétschir, paschálsta.	Два биле́та на сего́дняшний ве́чер, пожа́луйста.
Bitte zwei Plätze zu ... Rubel.	dwa mistá po-... rubljéj, paschálsta.	Два места́ по … рубле́й, пожа́луйста.
Kann ich bitte ein Programm haben?	móschna paprassít u-was pragrámmu?	Мо́жно попроси́ть у Вас програ́мму?

WIE DIE EINHEIMISCHEN

Insider Tipps

Essen und tanzen

Wenn Russen ins Restaurant „ristarán“ «рестора́н» gehen, ist das ein großes Ereignis. Man zieht sich fein an, spart nicht am Essen und Trinken und tanzt ausgiebig. Laute Schlagermusik einer Liveband gehört unbedingt dazu!

„Opernglas gefällig?“ – „binókl wam núschin?“ «Бино́кль Вам ну́жен?»

Dies werden Sie oft an der Garderobe eines russischen Theaters gefragt – vorausgesetzt, Ihr Mantel hat einen Aufhänger; denn Umstände mit nachlässigen Gästen mögen die despotischen Garderobenfrauen keinesfalls. Die Mäntel werden nur murrend angenommen, Kleiderbügel gibt's selten.

Kunstbeflissen

Man geht gerne und häufig ins Theater, vor allem auch in die beliebten klassischen Ballettaufführungen, und seit die Karten teurer sind, bekommt man eher welche.

Wo ist die Garderobe?	gdje gardiróp?	Где гардеро́б?
Ballett	baljét	бале́т
Eintrittskarte	fchadnój biljét	входно́й биле́т
Festival	fistiwál	фестива́ль m
Film	film	фильм
Kasse	kássa	ка́сса
Kino	kinó	кино́
Konzert	kanzért	конце́рт
Musical	mjúsikl	мю́зикл
Oper	ópira	о́пера
Premiere	primjéra	премье́ра
Programm	pragrámma	програ́мма
Schauspiel	spiktákl	специа́кль m
Theater	tiátr	теа́тр
Veranstaltungskalender	plan mirapriјáti	план мероприя́тий
Vorstellung	pritstawljénije	представле́ние
Vorverkauf	pridwarítilnaja pradáscha	предвари́тельная прода́жа

FESTE/VERANSTALTUNGEN | prásniki/miraprijátija
ПРА́ЗДНИКИ/МЕРОПРИЯ́ТИЯ

Könnten Sie mir bitte sagen, wann das ...-Festival stattfindet?	wy ni-skáschytje mnje, kagdá prachódit fistiwál ...?	Вы не ска́жете мне, когда́ прохо́дит фестива́ль … (+gen)?
vom ... bis ...	s-... pa-...	с … (+gen) по … (+akk)
jedes Jahr im August	jischygódna w-áwgustje	ежего́дно в а́вгусте
alle 2 Jahre	káschdye dwa góda	ка́ждые два го́да
Kann jeder teilnehmen?	káschdy móschyt utschástwawat?	Ка́ждый мо́жет уча́ствовать?

Blaskapelle	duchawój arkjéstr	духово́й орке́стр
Dorffest	sjélski prásnik	се́льский пра́здник
Festival	fistiwál	фестива́ль m
Feuerwerk	fijrwjérk	фейерве́рк
Flohmarkt	barachólka	барахо́лка
Jahrmarkt	jármarka	я́рмарка
Karneval	karnawál	карнава́л
Kirmes	naródnye guljánija	наро́дные гуля́ния
Olympiade	alimpiáda	олимпиа́да
Prozession	prazésija	проце́ссия
Umzug	schéstwije	ше́ствие
Zirkus	zyrk	цирк

VOLLES PROGRAMM

STRAND UND SPORT

AM STRAND | na-plásche | НА ПЛЯ́ЖЕ

Ist die Strömung stark?	titschénije sílnaje?	Тече́ние си́льное?
Ist es für Kinder gefährlich?	apássna dli-ditjéj?	Опа́сно для дете́й?
Wann ist Ebbe?/Flut?	kagdá bywájit atlíf?/prilíf?	Когда́ быва́ет отли́в?/прили́в?
Bademeister/in	dischúrny/dischúrnaja	дежу́рный/дежу́рная
Badestrand	pljasch	пляж
Duschraum	duschywýje	душевы́е
Kiosk	kiósk	кио́ск
Liegestuhl	scheslóng	Шезлонг
Nichtschwimmer/in	niumjéjuschtschi/ niumjéjuschtschaja pláwat	неуме́ющий/неуме́ющая пла́вать
Qualle	midúsa	меду́за
schwimmen	pláwat	пла́вать
Schwimmer/in	plawjéz/plaftschícha	плове́ц/пловчи́ха
Sonnenschirm	sont at-sónza	зонт от со́лнца
Strömung	titschénije	тече́ние
Umkleidekabine	rasdiwálka	раздева́лка

AKTIVURLAUB/SPORT | aktíwny ótpusk/sport АКТИ́ВНЫЙ О́ТПУСК/СПОРТ

Welche Sportmöglichkeiten gibt es hier?	kakíje sdjes jest wasmóschnasti sanimátsja spórtam?	Каки́е здесь есть возмо́жности занима́ться спо́ртом?
Gibt es hier ein ...	sdjes jest ...	Здесь есть …
Wo kann ich ... ausleihen?	gdje móschna wsjat naprakát ...?	Где мо́жно взять напрока́т …?
Kann ich mitspielen?	móschna mnje s-wámi igrát?	Мо́жно мне с ва́ми игра́ть?
Ich möchte einen ...-kurs für Anfänger/Fortgeschrittene machen.	ja by chatjél/chatjéla wsjat uróki ... dli-natschinájuschtschich./ dli-pradwínutych.	Я бы хоте́л m /хоте́ла f взять уро́ки … (+gen) для начина́ющих./ для продви́нутых.
Eintrittskarte	(fchadnój) biljét	(входно́й) биле́т
Ergebnis	risultát	результа́т
gewinnen	wýigrat	вы́играть
Kasse	kássa	ка́сса
Kurs	kurs, kúrsy	курс, (meist pl): ку́рсы

Mannschaft	kamánda	кома́нда
Niederlage	paraschénije	пораже́ние
Rennen	gónka	го́нка
Schiedsrichter	sudjá	судья́
Sieg	pabjéda	побе́да
Spiel	igrá	игра́
verlieren	praigrát	проигра́ть
Wettkampf	sariwnawánije	соревнова́ние

WASSERSPORT wódny sport ВО́ДНЫЙ СПОРТ

Bootsführerschein	prawá na-uprawljénije lótkaj	права́ на управле́ние ло́дкой
Bootsverleih	prakát lódak	прока́т ло́док
Canyoning	kánianink	ка́нионинг
Freibad	atkrýty bassjéjn	откры́тый бассе́йн
Hallenbad	krýty bassjéjn	кры́тый бассе́йн
Kanu	kanóe	кано́э n
Motorboot	matórnaja lótka	мото́рная ло́дка
Paddelboot	bajdárka	байда́рка
Rückholservice	abrátny padjóm	обра́тный подъём
Ruderboot	wissjélnaja lótka	весе́льная ло́дка
Rudern	gristí	грести́
Schlauchboot	naduwnája lótka	надувна́я ло́дка
Segelboot	párussnaja lótka	па́русная ло́дка
Segeln	chadít pat-párussam	ходи́ть под па́русом
Segelschule	párussnaja schkóla	па́русная шко́ла
Surfbrett	daská dli-sjérfinga	доска́ для се́рфинга
Surfen	katátsja na-daskjé	ката́ться на доске́
Surfschule	schkóla sjérfinga	шко́ла серфинга
Wasserskooter	gidrazíkl/akwabájk	гидроцикл/аквабайк
wasserwandern (mit dem Hausboot)	wódnaja exkúrsija (w-bárschy dli-schyljá)	во́дная экску́рсия (в ба́рже для жилья́)
windsurfen	sanimátsja wintsjérfingam	занима́ться виндсе́рфингом

TAUCHEN padwódny sport ПОДВО́ДНЫЙ СПОРТ

Gerätetauchen	pagruschénije pad-wódu s-wadalásnym snarischénijim	погруже́ние под во́ду с водола́зным снаряже́нием
Neoprenanzug	wadalásny kastjúm	водола́зный костю́м
Sauerstoffflasche	kisslaródny ballón	кислоро́дный балло́н
schnorcheln	pláwat sa-schnórkilim	пла́вать ipf со шно́ркелем
Schwimmflossen	lásty	ла́сты m pl
tauchen	nyrját	ныря́ть
Taucherausrüstung	wadalásnaje snarischénije	водола́зное снаряже́ние
Taucherbrille	máska	ма́ска
Tauchschule	schkóla padwódnawa spórta	шко́ла подво́дного спо́рта

VOLLES PROGRAMM

ANGELN rybálka РЫБА́ЛКА

Wo kann man hier angeln?	gdje móschna sdjes lawít rýbu?	Где мо́жно здесь лови́ть ры́бу?
Angel	údatschka	у́дочка
angeln	udít/paudít	уди́ть/поуди́ть
Angelschein	rasrischénije lawít rýbu	разреше́ние лови́ть ры́бу
Hochseeangeln	rybalófstwa na-atkrýtam mórje	рыболо́вство на откры́том мо́ре
Köder	primánka	прима́нка
Schonzeit	saprjétnaje wrjémja dli-lówli ryp	запре́тное вре́мя для ло́вли рыб

BALLSPIELE ígry s-mjátscham И́ГРЫ С МЯ́ЧОМ

Ball	mjatsch	мяч
Basketball	baskidból	баскетбо́л
Fußball	fudból	футбо́л
Fußballmannschaft	fudbólnaja kamánda	футбо́льная кома́нда
Fußballplatz	fudbólnaje pólje	футбо́льное по́ле
Fußballspiel	fudbólny matsch	футбо́льный матч
Handball	rutschnój mjatsch, gandból	ручно́й мяч, гандбо́л
Netz	sjet	сеть f
Spiel	igrá	игра́
Tor	waróta	воро́та n pl

WIE DIE EINHEIMISCHEN

Insider Tipps

Passion Angeln

Russen sind passionierte Angler und selbst mitten in Moskau versuchen viele ihr Glück von den Moskwa-Brücken aus. Angler können aber auch herrlich unberührte Seen und Flussabschnitte in dem riesigen Land aufspüren. Ein Angelschein „rasrischénije lawít rýbu“ «разреше́ние лови́ть ры́бу» wird nicht überall verlangt – je östlicher, desto seltener –, man sollte sich aber auf alle Fälle bei der örtlichen Verwaltung erkundigen.

FKK

In Russland ist man recht prüde – nackt sonnenbaden oder schwimmen geht nur an den wenigen ausgewiesenen FKK-Stränden an der Ostsee oder am Schwarzen Meer! Auch auf „Oben ohne“ sollten Sie eher verzichten.

Torwart	wratár	врата́рь
Volleyball	walijból	волейбо́л

TENNIS UND ÄHNLICHES tjénnis i padóbnaje ТЕ́ННИС И ПОДО́БНОЕ

Badminton	badmintón	бадминто́н
Doppel	párnaja igrá	па́рная игра́
Einzel	adinótschnaja igrá	одино́чная игра́
Schläger	rakjétka	раке́тка
Squash	skwosch	сквош
Tennis	tjénnis	те́ннис
Tennisschläger	tjénnissnaja rakjétka	те́ннисная раке́тка
Tennishalle	tjénnissny sal	те́ннисный зал
Tennisplatz	tjénnissnaja plaschtschátka	те́ннисная площа́дка
Tischtennis	nastólny tjénnis	насто́льный те́ннис

FITNESS- UND KRAFTTRAINING trinirófka na-fítnis i na-sílu ТРЕНИРО́ВКА НА ФИ́ТНЕС И НА СИ́ЛУ

Aerobic	aeróbika	аэро́бика
Faszientraining	Fasziálnyj tréning	фасциальный тренинг
Fitnessarmband	fítnes-braslét	фитнес-браслет
Fitnesscenter	fitnis-zéntr	фитнес-це́нтр
Indoor-Cycling	sájkl-trenirófka	сайкл-тренировка
joggen	bjégat	бе́гать ipf
Krafttraining	trinirófka na-sílu	трениро́вка на си́лу
Konditionstraining	trinirófka (pa-fisítschiskaj padgatófkje)	трениро́вка (по физи́ческой подгото́вке)
Yoga/Pilates	jóga/pilátes	йо́га/пила́тес

WELLNESS wjélnis ВЕ́ЛНЕС

Akupressur	akuprissúra	акупрессу́ра
Aromatherapie	aramatirapíja	ароматерапи́я
Bäder	wánny	ва́нны
Beautybehandlung	litschénji f-salónji krasatý	лече́ние в сало́не красоты́
Dampfbad	parnája bánja, rúskaja bánja	парна́я ба́ня, ру́сская ба́ня
Diätkost	djitítschiskaje pitániji	диети́ческое пита́ние
Hamam	chamám	хамма́м
Maniküre/Pediküre	manikjúr/pidikjúr	маникю́р/педикю́р
Massage	masásch	масса́ж
Peeling	pílink	пи́линг
Sauna	sáuna, fínskaja bánja	са́уна, фи́нская ба́ня
Solarium	saljári	соля́рий
Whirlpool	dschakúsi	джаку́зи n

VOLLES PROGRAMM

RADFAHREN jisdá na-wilassipjédje ЕЗДА́ НА ВЕЛОСИПЕ́ДЕ

E-Bike	eliktrawilasipjét	электровелосипе́д
Fahrrad	wilassipjét	велосипе́д
Fahrradhelm	wilassipjédny schljem	велосипе́дный шлем
Fahrradweg	wilassipjédnaja daróschka	велосипе́дная доро́жка
Flickzeug	prinadljéschnasti dli-rimónta kámiry	принадле́жности для ремо́нта ка́меры
Luftpumpe	nassós	насо́с
Mountainbike	górny wilassipjét	го́рный велосипе́д
Rad fahren	katátsja na-wilassipjédje	ката́ться на велосипе́де
Radtour	pajéstka na-wilassipjédje	пое́здка на велосипе́де
Rennrad	gónatschny wilassipjét	го́ночный велосипе́д
Schlauch	kámira	ка́мера

WANDERN UND BERGSTEIGEN pischichódny turísm i garawaschaschdjénije ПЕШЕХО́ДНЫЙ ТУРИ́ЗМ И ГОРОВОСХОЖДЕ́НИЕ

Ich möchte eine Bergtour machen.	chatschú sawirschýt pachót w-góry.	Хочу́ соверши́ть похо́д в го́ры.
Können Sie mir eine interessante Route auf der Karte zeigen?	wy móschyte pakasát mnje intirjéssny marschrút pa-kártje?	Вы мо́жете показа́ть мне интере́сный маршру́т по ка́рте?
Bergführer	górny prawadník	го́рный проводни́к
Fernwanderweg	distanzyónnaja turístskaja trapá	дистанцио́нная тури́стская тропа́
Route	marschrút	маршру́т
Seilbahn	funikuljór, padjómnik	фуникулёр, подъёмник
Sicherungsseil	strachówatschny kanát	страхо́вочный кана́т

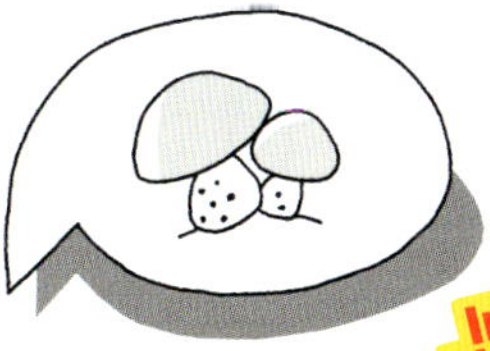

WIE DIE EINHEIMISCHEN

Insider Tipp

Russischer „Nationalsport“

Im Frühsommer und Herbst sind die Vorstadtzüge voller eifriger Beeren- oder Pilzesammler, die lange Fußmärsche in Kauf nehmen, um die köstlichen Schätze der russischen Wälder zu bergen. Zu Hause werden diese dann kiloweise eingemacht, um vitaminreiche Vorräte für den langen Winter zu horten. Feilgeboten werden diese Köstlichkeiten auch auf dem Markt („rýnak“ «рынок») oder in der Saison am Straßenrand an Ausfallstraßen.

Tagestour	adnadnjéwny pachót	однодне́вный похо́д
Wanderkarte	turístskaja kárta	тури́стская ка́рта
Wanderweg	turístskaja trapá	тури́стская тропа́

REITEN wirchawája jisdá ВЕРХОВА́Я ЕЗДА́

Ausritt	wýist wirchóm	вы́езд верхо́м
Pferd	lóschat	ло́шадь f
reiten	jésdit wirchóm	е́здить верхо́м
Sattel	sidló	седло́

GOLF golf ГОЛЬФ

Einspielloch	lúnka	лу́нка
Golf	golf	гольф
Golfball	mjatsch	мяч
Golfplatz	pólje dli-igrý w-golf	по́ле для игры́ в гольф
Golfschläger	kljúschka	клю́шка

IN DER LUFT w-wósduchje В ВО́ЗДУХЕ

Drachenfliegen	diltaplanirísm	дельтапланери́зм
Fallschirmspringen	paraschutísm	парашюти́зм
Paragliding	paraplanirísm	парапланери́зм
Schleppschirm	parasjéjlink	парасе́йлинг
segelfliegen	planirísm	планери́зм

WINTERURLAUB ótpusk simój О́ТПУСК ЗИМО́Й

Eine Tageskarte, bitte.	biljét na-adín djen, paschálsta.	Биле́т на оди́н день, пожа́луйста.
Um wie viel Uhr ist die letzte Bergfahrt?/Talfahrt?	wa-skólka pasljédni padjóm?/spusk?	Во ско́лько после́дний подъём?/спуск?

Bergstation	wjérchnja stánzya	ве́рхняя ста́нция
Curling	kjórlink	кёрлинг
Eisbahn	katók	като́к
Eishockey	chakjéj na-ldu	хокке́й на льду
Eislauf	bjek na-kankách	бег на конька́х
Gondel	kabína	каби́на
Langlauf	sanjátije gónatschnymi lýschami	заня́тие го́ночными лы́жами
Lift	padjómnik	подъёмник
Loipe	lyschnjá	лыжня́
Schlitten	sáni	са́ни f pl
Schlittschuhe	kankí	коньки́ m pl
Sessellift	krjéssilnaja kanátnaja daróga	кре́сельная кана́тная доро́га

VOLLES PROGRAMM

Ski	lýschy	лы́жи f pl
Ski alpin	górnye lýschy	го́рные лы́жи fpl
Skibindung	lýschnaje kripljénje	лы́жное крепле́ние
Skibrille	lýschnye atschkí	лы́жные очки́ m pl
Skikurs	uróki katánija na-lýschach	уро́ки m pl ката́ния на лы́жах
Skilaufen	katátsja na-lýschach	ката́ться на лы́жах
Skilehrer/in	instrúktar pa-katániju na-lýschach	инстру́ктор по ката́нию на лы́жах
Skistöcke	lýschnye pálki	лы́жные па́лки f pl
Snowboard	snaubórt	сноубо́рд
Tagespass	biljét ná-din	биле́т на́ день
Talstation	níschnija stánzya	ни́жняя ста́нция
Wochenpass	biljét na-nidjélju	биле́т на неде́лю

KURSE

Ich möchte ... belegen.	ja by chatjél/chatjéla prinját utschástje f-...	Я бы хоте́л m/хоте́ла f приня́ть уча́стие в… (+präp).
einen Russischkurs	kúrsach rúskawa jisyká	ку́рсах ру́сского языка́
für Anfänger	dli-natschinájuschtschich	для начина́ющих
für Fortgeschrittene	dli-pradwínutych	для продви́нутых
Sind Vorkenntnisse erforderlich?	trjébujutsa li pridwarítilnye snánija?	Тре́буются ли предвари́тельные зна́ния?
Bis wann muss man sich anmelden?	kakój srok padátschi sajáfki?	Како́й срок пода́чи зая́вки?
Sind die Materialkosten inklusive?	fkljutschaitsja li f-stóimast raschót na-matiriály?	Включа́ется ли в сто́имость расхо́д на материа́лы?
Was ist mitzubringen?	schto prinistí s-sabój?	Что принести́ с собо́й?
(Akt-)Zeichnen	rissawánje obnaschónnych natúr	рисова́ние обнажённых нату́р
(Aquarell-)Malen	akwarjélnaja schýwapis	акваре́льная жи́вопись
Tanz	tániz	та́нец
Fotografieren	fatagrafírawanje	фотографи́рование
Goldschmieden	slatakusnjétschistwa	златокузне́чество
Kochen	kulinárnaje mastirstwó	кулина́рное мастерство́
Kurs	kurs, kúrsy	курс, (meist pl): ку́рсы
Ölmalerei	schýwapis máslam	жи́вопись f ма́слом
Trommeln	igrá na-barabánje	игра́ на бараба́не
Workshop	mastirskája	мастерска́я

Mist erzählen

(wörtl. jdm Spaghetti übers Ohr hängen)

[lapschú wjéschat]

> MEHR ALS NUR SPRACHE

Wenn das Wörterbuch schlappmacht und Sie nur noch Bahnhof verstehen, dann handelt es sich um einen klaren Fall von: Achtung! Slang

WERDEN SIE ZUM INSIDER

Wer kennt Sie nicht, diese Situation: Sie haben in einem fremdsprachigen Land Kontakt gefunden und lauschen angeregt den Gesprächen Ihrer neuen Freunde – und da sind sie, diese mysteriösen Worte, die bei Ihnen nur ein großes Fragezeichen hinterlassen. Denn es gibt jene Vokabeln und Wendungen, die im Wörterbuch stehen, und dann gibt es jene, die auf der Straße gesprochen werden. Aber keine Panik, auf den nächsten Seiten sind Sie mittendrin in der Sprache der Insider, wie sie im Café, in den Clubs und Bars, Shops, Hotels und Hostels, beim Smalltalk in Bus und Bahn und auf den lebendigen Plätzen der Dörfer, Städte und Metropolen gesprochen wird. Und damit auch Sie zum Insider wer-

> S. 96

ACHTUNG! SLANG

Insider Tipps

den, haben wir sie für Sie aufgespürt: die authentischen, die wichtigsten und witzigsten Slangausdrücke. Dabei gibt es jedoch Formulierungen, die Sie besser meiden sollten, denn: Manchmal ist Schweigen wirklich Gold. Auch zu beachten: Oft ist Umgangssprache lokal geprägt und die Aussprache kann von Region zu Region variieren. Aber mit ein wenig Geduld kann man sich auch in diese verschiedenen Dialekte einhören.

Wir wünschen Ihnen viel Spaß beim Lesen und beim Erweitern Ihres Wortschatzes!

ALLTAG

BEGRÜSSUNG UND CO.

Hallo!	(priwjétik/chájuschki/sdaróvwa)	Приве́тик!/Ха́юшки!/ Здоро́во!
Wie geht's?	(kak djelíschki)	Как дели́шки?
Was ist los?/Was geht?	(schto sa kípisch/ schto sa dwischúcha)	Что за ки́пиш?/ Что за движу́ха?
Tschüs!	(pakjéda/pakjédawa)	Поке́да!/поке́дова!
Ciao!	(tschào)	Ча́о!

ANTWORTEN ...

klaro	(jásna-krásna)	я́сно-кра́сно
Keine Frage!/Kein Problem!	(basára njet/bjes basára)	База́ра нет!/Без база́ра!
okay/gut	(akjéj/akjéjno)	оке́й/оке́йно
das geht/das ist okay	(pakátit)	пока́тит
ja (etwas gelangweilt)	(nu)	ну
Entschuldigung	(sorján)	соря́н
ohne Scheiß/ohne Quatsch (im Ernst)	(bjes baldý)	без балды́
Echt!	(wnatúre)	В нату́ре!
Stell dir vor!	(prikin)	Прики́нь!
Ganz sicher/100 Pro!	(sto pudóf)	Сто пудо́в!
Ach, du meine Güte/Fresse!	(ni cherá sibe/ni figá sibe/ tuschí swet)	Ни хера́ себе!/Ни фига́ себе!/Туши́ свет!
Keine Ahnung!/Null Peilung!	(niwrubón)	Неврубо́н!
Kein/Null Bock!	(minjá lamájet/ mne w lom/fpádlu)	Меня лома́ет!/ Мне в лом!/в па́длу!
Nö.	(néa)	Не́-а.
Das geht nicht!	(ni kátit)	Не ка́тит!
Du spinnst wohl!	(ty gónisch)	Ты го́нишь!

> www.marcopolo.de/russisch

ACHTUNG! SLANG

... UND AUFFORDERUNGEN

Mach doch deine Augen auf!	(rasúj glasá)	Разу́й глаза́!
Los! Beweg dich/deinen Hintern! (wörtl. Beweg deine Brötchen!)	(dawáj, dwígaj búlkami)	Дава́й, дви́гай бу́лками!
Hör auf mit den Ausreden!	(ni atmásywajsja)	Не отма́зывайся!
Gib nicht so an!	(ni wypéndriwajsja)	Не выпе́ндривайся!
Hör auf, mir Märchen zu erzählen!	(chwátit mnje atschkí ftirát/ masgí párit)	Хва́тит мне очки́ втира́ть/мозги́ па́рить!
Laber nicht rum!	(ni wasbucháj/ni pisdí)	Не возбуха́й!/Не пизди́!
Quatsch mir nicht die Ohren voll! (wörtl. Puder mir nicht das Gehirn ein!)*	(ni púdri mnje masgí)	Не пу́дри мне мозги́!
Vergiss es!	(sabéj na éta)	Забе́й на это!
Hör auf, mich zu nerven!	(ni najesscháj na minja/ ni dastawáj minja)	Не наезжа́й на меня!/ Не достава́й меня!
Sei still/Halt's Maul!	(satkní past)	Заткни́ пасть!
Es reicht!	(charé)	Харе!
Pass auf, was du sagst!	(filtrúj basár)	Фильтру́й база́р!
Hau ab!/Mach dich vom Acker!	(linjáj atsjúda/krutí pidáli)	Линя́й отсю́да!/ Крути́ педа́ли!
Verpiss dich!	(idí náfig/atwalí)	Иди́ на́ фиг!/Отвали́!

UNTER FREUNDEN ...

Kumpel	(brat/bratán/pazán)	брат/брата́н/паца́н/
Kumpels/Gang	(bratwá)	братва́
Boss/Anführer	(aftaritjét/krutój/ asnawnój/zintrawój)	авторите́т/круто́й/ основно́й/центрово́й
großen Respekt genießen	(byt w aftaritjéte)	быть в авторите́те
ein Treffen vereinbaren	(nasnátschit strjélku)	заби́ть стре́лку
eine Verabredung unter Freunden	(tusá/tjórka)	туса́/тёрка
endlos telefonieren	(wisjét na trubjé)	висе́ть на трубе́
bei jdm vorbeischauen	(sawalít k kamú-líba)	завали́ть к кому́-ли́бо
aufkreuzen	(narisawátsja)	нарисова́ться
sich rumtreiben/rumhängen	(tusawátsja/tusít/ attjanútsja/klubitsjá)	тусова́ться/туси́ть/ оттяну́ться/клуби́ться
rumblödeln	(prikalótsja)	приколо́тся
einen tollen Witz machen (wörtl. eine Kruste/Rinde aufweichen)	(kórki matschít/ atmatschit kórku/zhétsch)	ко́рки мочи́ть отмочить ко́рку/жечь

Witz/Gag	(prikól)	прико́л
lange lachen	(patuchát/rschat/ugarát)	потуха́ть/ржать/угора́ть
Scherzkeks/Witzbold	(prikalíst)	приколи́ст
Mist erzählen (wörtl. jdm Spaghetti übers Ohr hängen)	(lapschú wjéschat/gnat purgú)	лапшу́ ве́шать/гнать пургу́
sich über jdn lustig machen	(padkálywát)	подка́лыва́ть
veräppeln	(nakalót)	наколо́ть
etwas nicht checken	(ne dogonját/tormosít)	не догоня́ть/тормози́ть
angeben/großkotzig sein	(wypjéndriwatsja/kidát pantý)	выпе́ндриваться/ кида́ть понты́
jdn verpfeifen	(salaschít)	заложи́ть/стукану́ть
sich zerstreiten	(rasasrátsja)	разосра́ться
betrügen	(naebát/kínut)	наеба́ть/ки́нуть

DAS GEFÄLLT ...

Klasse!/Super!	(kljówa/klas/súpir)	Клёво!/Класс!/Су́пер!
Alles Super!	(fsjo w aschúrje/saschibís)	Всё в ажу́ре!/Зашиби́сь!
Mega!/Obergeil!	(bómba/pipéz/uljót/ kaif/baldjósch)	Бо́мба!/Пипе́ц!/Улёт!/ Кайф!/Балдёж!
abgefahren/Wahnsinn/ sehr geil	(atásny/prikólny/tschumawój/ tschumá)	ата́сный/прико́льный/ чумово́й/чума́
etwas fetzt/rockt	(schtó-ta zawódit/perétsa)	что́-то заво́дит/пере́ться
auf etwas stehen/abfahren	(taschítsja/zepljáet)	тащи́ться/цепля́ет
ausflippen (wörtl. mit kochendem Wasser pinkeln)	(písat kipjatkóm/menjá pret)	пи́сать кипятко́м/ меня́ прет
geil/hot/cool/super/krass	(krúta/kljówa/kajfówa/uljótna/ reálno/atpád/súpir/klass/ trúschna)	кру́то/клёво/кайфо́во/ улётно/реа́льно/отпа́д/ су́пер/класс/тру́шно
baff sein	(wypást w assádak/afigjét)	выпа́сть в оса́док/ офиге́ть
Ich bin total von den Socken! (wörtl. Ich bin angeschwollen.)*	(ja apúch/ ja ochuél)	Я опу́х! Я охуе́л!
Korrekt!/Perfekt!	(pólnyj atás)	По́лный ата́с!
Alles bestens/paletti.	(fsjo nischtják/fsjo putschkóm)	Всё ништя́к./Все пучко́м.

*

ACHTUNG! SLANG

... DAS LANGWEILT ...

uncool	(bispantówa)	беспонто́во
langweilig	(badjága/toschíscha)	бодя́га/тощи́ща
Ist mir total schnuppe.	(mnje éta pófik/ da fanarjá/da baldý)	Мне э́то по фиг/до фонаря́/до балды́.
aufhören, sich für etwas zu interessieren	(palaschit na schto-líba/ sabít na schto-líba)	положи́ть на что-ли́бо/ заби́ть на что-ли́бо
etwas absolut Schlechtes und Langweiliges	(saschkwár/atstoj/grus)	зашква́р/отсто́й/груз

... UND DAS NERVT

Das ist nicht mein Ding.	(menjá éta ne zipljáet)	Меня это не цепля́ет.
mega-out	(strjómny)	стрёмный
jdm auf den Keks gehen (wörtl. jdm aufs Gehirn tröpfeln/das Gehirn lochen)	(kápat na masgí/ kampastírawat masgí)	ка́пать на мозги́/ компости́ровать мозги́
nerven/stressen	(naprjagát/grusít)	напряга́ть/грузи́ть
Stress	(naprjag/samarótschka)	напряг/заморо́чка
Trash/Bullshit/mieses Zeug	(tuftá/fignjá/chernjá/ atstój/tresch)	туфта́/фигня́/херня́/ отсто́й/трэш
grottenschlecht	(bespantówyj/tuftá)	беспонто́вый/туфта́
Flop	(láscha/kossják)	ла́жа/턱ся́к
floppen	(ablamátsja/ablaschátsja/ praljetjét/nakassátschit)	облома́ться/облажа́ться/ пролете́ть/накося́чить
eine sehr unangenehme Sache (wörtl. lauter Hämorriden)	(splaschnój gimarój/ gémor)	сплошно́й геморро́й/ ге́мор
anstinken/ankotzen	(dastát/sadalbát/sakalibát)	доста́ть/задолба́ть/ заколеба́ть
beschissen	(cherówa)	херо́во
aussichtslose Situation	(ablóm/pisdjéz/kajúk/ trubá/krantý)	обло́м/пизде́ц/каю́к/ труба́/кранты́

SCHLECHT DRAUF?

kaputt sein/fix und fertig sein	(ubíty/satráchany)	уби́тый/затра́ханный
Angst/Schiss haben	(atschkó igrájet/schmjót)	очко́ игра́ет/жмёт
in die Hose machen	(nalaschít f schtaný/ zhim-zhim)	наложи́ть в штаны́/ жим-жим
ausgerastet sein	(planka upála)	планка упа́ла
in der Scheiße sitzen	(sidét w dermé)	сиде́ть в дерьме́

jdn zur Sau machen	(spuskát sabák/ gnat na kawó-líba)	спускáть собáк/ гнать на когó-ли́бо
tätliche Auseinandersetzung	(rasbórka/machálowka)	разбóрка/махáловка

ESSEN

Essen	(cháftschik/schratwá)	хáвчик/жратвá
essen	(cháwat/shrát)	хáвать/жрáть
mampfen	(uminát/uplitát/lópat)	уминáть/уплетáть/ лóпать
den schlimmsten Hunger stillen	(samarít tschirwjatschká)	замори́ть червячкá
sich vollstopfen	(natréskatsja/nashrátsja)	натрéскаться/нажрáться
superlecker	(fkusnjátina)	вкусня́тина
ein Snack zum Drink	(sakusón/sákus)	закусóн/зáкусь

AUSGEHEN

DRINKS

alkoholische Getränke	(buchló)	бухлó
Wodka	(wadjára)	водя́ра
Flasche Wodka	(pusýr/bánka)	пузы́рь/бáнка
Bier	(piwásik)	пивáсик
Wein	(winzó/wíntschik)	винцó/ви́нчик
Schampus	(schampúsik/schampún)	шампýсик/шампýнь
Wodka trinken	(chlistát wadjáru)	хлестáть водя́ру
Bier/Wein trinken	(udárit pa piwásiku/ udárit pa winzú)	удáрить по пивáсику/ удáрить по винцý

ACHTUNG! SLANG

einen trinken/kippen	(aprakínut/nakatít/ scháchnut/nakidátsa)	опроки́нуть/накати́ть/ жа́хнуть/накида́ться
viel Alkohol trinken/saufen	(buchát/kirját/gasawát/ kwásit)	буха́ть/киря́ть/газова́ть/ ква́сить

IN DER BAR/KNEIPE

Kneipe/Restaurant	(kabák)	каба́к
Bierkneipe	(sabigálafka/piwnúschka)	забсга́ловка/пивну́шка
ausgehen (wörtl. seine Knochen reinwerfen/reinsteuern)	(kínut (brósit) kósti/ sarulít)	ки́нуть (бро́сить) ко́сти/ зарули́ть
sich betrinken/besaufen	(nachlistátsja/nalisátsja/ nakljúkatsja)	нахлеста́ться/нализа́ться/ наклю́каться
versacken	(sawisát/sawísnut)	зависа́ть/зави́снуть
feiern	(gudjét/sazhigát/ klubitsa/kalbásitsa)	гуде́ть/зажига́ть/ клуби́ться/колба́ситься
Party	(páti/dwizhúcha/tusnjá/ tusófka/raskalbás)	па́ти/движу́ха/тусня́/ тусо́вка/расколба́с
Ghettoblaster	(bumbóks)	бумбо́кс
Musik anmachen	(wrubít musón)	вруби́ть музо́н
Popmusik hören	(sluschát papsú)	слуша́ть попсу́
Disko	(diskátsch/diskár)	диска́ч/диска́рь
cool angezogen sein	(nawarótschjeny)	наворо́ченный
sich auftakeln/aufdonnern (wörtl. sich verputzen)	(namarafétitsja/ naschtukatúritsja)	намарафе́титься/ наштукату́риться

SPÄTER ...

großen Durst auf Alkohol haben (wörtl. die Röhre brennt)	(trúby garját)	Тру́бы горя́т!
betrunken sein (wörtl. unter der Fliege sein)*	(být pad múchaj/pad grádusam/ pod baldój)	быть под му́хой/под гра́дусом/под балдо́й
sehr betrunken/besoffen sein	(kirnój/kasój/buchój poddátyj)	кирно́й/косо́й/ бухо́й/подда́тый
stockbesoffen sein	(být pjánym wdrýsk/w dým/ w dósku/w gavnó w dúpel/w grjás)	быть пья́ным вдры́зг/ в ды́м/в до́ску/в говно/ в дупе́ль/в гря́зь
Mir ist kotzübel!	(kak minjá kalbásit)	Как меня штормит!
Kater	(badún/atchadnják)	боду́н/отходня́к
den Kater vertreiben	(apachmelítsja)	опохмели́ться
Katerbier	(apachmél)	опохме́л
einen Brand haben	(suschít/suschnják dáwit)	суши́ть/сушня́к да́вит

RAUCHEN

Kippe/Zigarette	(bytschók/síga)	бычóк/сúга
rauchen	(dymít/smalít/schmalít)	дымúть/смолúть/ шмалúть
schnorren	(strjeljàt//schmalját)	стрелять, шмалять
mit dem Rauchen aufhören	(sawjasát)	завязáть

MANN UND FRAU

LEUTE

Typ/Macker	(tschuwák/tschel/kun)	чувáк/чел/кун
Tussi/Mädchen	(tschuwícha/tjólka/tjan)	чувúха/тёлка/тян
Liebhaber	(cháchal/bojfrénd)	хáхаль/бойфрéнд
Weib	(bába/kljúschka/metjólka)	бáба/клюшка/метёлка
obercooler Typ	(krutój/klássnyj/ tschótkij/sásnyj kun)	крутóй/клáссный чёткий/сáсный кун
scharfe Braut/Mieze/ Schnecke	(kljówaja tjólka/tsátsa/ljálja kíska/njáschka/sexy)	клёвая тёлка/цáца/ляля кúска/няшка/сéкси

FLIRTEN UND MEHR

anbaggern	(kadrít/kljéit/snimát/ harásmit)	кадрúть/клéить/снимáть/ харáзмить
flirten/sich an jdn ranmachen	(padbiwát klínja/ padkátywat k kamú-líba)	подбивáть клúнья/под- кáтывать к комý-лúбо
sich verknallen	(ftjúritsja/sapást)	втюриться/запáсть
knutschen	(sasátsja/sifónit)	сосáться/сифóнить
Er hat einen Ständer.	(u niwó staít)	У негó стоúт.
Kondom/Gummi	(gandón/prjésik/plasch pratiwagás/risínka)	гандóн/прéзик/плащ противогáз/резúнка
vögeln	(tráchatsja/prisúnut/ fákatsja/piripichnútsja)	трáхаться/присýнуть/ фáкаться/перепихнýться
mit jdm zusammensein/ mit jdm gehen	(mutít/ samutít s kjem-líba)	мутúть/ замутúть с кем-лúбо
jdn. sitzen lassen/ Schluss machen	(dinámit/ablamat/kínut/atschít)	динáмить/обломать/ кúнуть/отшúть
jdn. heiraten (wörtl.: jmdm. einen Ring anziehen)	(akalziwát)	окольцевáть
Pantoffelheld	(patkablútschnik)	подкаблýчник

ACHTUNG! SLANG

SCHIMPFEN, LÄSTERN, FLUCHEN

STANDARDS

Pech	(neprúcha)	непрýха
Habe ich heute ein Pech!	(ni-prjót mnje siwódnja)	Не прéт мне сегóдня!
Mist/Scheiße!	(tschort/tschort padjerí/ saschkwár)	Чёрт!/Чёрт подерú!/ Зашквáр!
Verdammte Scheiße!/ Verflucht!	(blin/blját/bljácha-múcha) papadós)	Блин! Бля́ть! Бля́ха-мýха! Попадóс!
Ich stecke voll in der Scheiße!	(ja f pólnam dirmjé/ f pólnaj sádnize)	Я в пóлном дерьмé!/ Я в пóлной зáднице!

SPINNER UND TROTTEL

Spinner	(tschúdik/ebanáschka)	чýдик/ебанáшка
verrückt/flippig	(bisbáscheny/schisanúty/ waltanúty)	безбáшенный/ шизанýтый/ вольтанýтый
ein Verrückter/eine Verrückte	(schísa)	шúза
nicht alle Tassen im Schrank haben (wörtl. Sein Dach ist abgefahren./Er hat nicht alle zu Hause.)*	(krýscha pajéchala/ u niwó ni fsjé dóma)	Крыша поéхала./ У негó не всé дóма.
eine Macke haben	(byt s-pribabácham)	быть с прибáбахом
Trottel	(pridúrak/mudák)	придýрок/мудáк
schwer von Begriff sein	(tupít/tormosít)	тупúть/тормозúть
Nullchecker	(tormós/atmaróschjeny)	тóрмоз/отморóженный
strohdummer Mensch	(baklán/bambúk)	баклáн/бамбýк
Idiot	(dibíl/djátel)	дебúл/дя́тел

MEHR BELEIDIGUNGEN

Idiot/Depp/Blödmann	(tschmo/sadrót/pridúrok)	чмо/задрóт/придýрок
Weichei/Schlappschwanz	(dachadjága)	слабáк/тря́пка/мудúло
Lusche/Looser/Idiot	(loch/kon pidálny)	лох/конь педáльный
Langweiler	(sanúda/gónschik)	занýда/гóнщик
Du Penner!	(tórmas/lapúch/ kasjól)	Тóрмоз!/Лопýх! Козёл!
alter Knacker	(starý chrjen)	старый хрен
Rüpel	(byk/bytschára/zhlop/gópnik)	бык/бычáра/жлоб/гóпник
Muskelprotz/Kraftpaket	(katschók/ambál/brójler)	качóк/амбáл/брóйлер
Mistkerl!	(swólatsch/pádla/gnída)	Свóлочь!/Падла!/Гнида!
Brutalo	(atmarósak)	отморóзок
ein unattraktives Mädchen	(ugá/mýmra/krakadíl/ tschuwýrla/grymsa/wydra)	угá/мы́мра/крокодúл/ чувы́рла/гры́мза/вы́дра
extrem dünnes Mädchen (wörtl. Bandwurm im Raumanzug)	(glistá f skafándre)	глистá в скафáндре
blöde Gans	(tschumá/kasá/dúra)	чумá/козá/дýра
Zicke	(ssúka/stjérwa/stjerwósa)	сýка/стéрва/стервóза
Miststück	(pádla/schkúra)	пáдла/шкýра

UNAPPETITLICHES

Toilette/Klo	(túbsik/núschnik/ paráscha/sartír)	тýбзик/нýжник/ парáша/сортúр
pinkeln	(ssat/atlít)	ссать/отлúть
einen fahren lassen	(pirdjét)	пердéть
kacken	(srat)	срать
Er hatte Dünnpfiff.	(jiwó pranjesló)	егó пронеслó
sich übergeben/kotzen	(rygát/bliwát/trawít)	рыгáть/блевáть/травúть

ACHTUNG! SLANG

GELD

KOHLE

Knete/Kohle/Kies/Moos	(babló/bábki/kapústa/ lawé/báschli)	бабло́/ба́бки/капу́ста/ лавэ́/ба́шли
5 bzw. 50 Rubel	(pjaták)	пята́к
10 Rubel	(tschírik)	чи́рик
Fuffi/Fünfziger	(paltínik/paltós)	полти́нник/полто́с
100 Rubel	(stólnik)	сто́льник
1000 Dollar	(schtúka báksaf)	шту́ка ба́ксов
1 Million	(limón)	лимо́н
US-Dollar	(sjélen/báksy/griný)	зе́лень/ба́ксы/гриньí
Bargeld	(nalítschka/nal)	нали́чка/нал
bargeldlos	(pa bisnálu)	по безна́лу

HABEN ODER NICHT

stinkreich	(upakówany)	упако́ванный
Geizhals	(schmot/schlob/schlabjára)	жмот/жлоб/жлобя́ра
geizen	(schlóbitsja/zhátsja)	жло́биться/жа́ться
sehr wenig Geld haben (wörtl. das Geld hat der Kater geheult)*	(dénich kot naplákal)	де́нег кот напла́кал
gar kein Geld haben/pleite sein	(galják/góly wásja)	голя́к/го́лый ва́ся
Geld verdienen	(padnját bábla)	подня́ть бабла́

KOSTEN ODER NICHT

einen zu hohen Preis verlangen	(salamít zénu)	заломи́ть це́ну
ein Schnäppchen machen	(kupít pa dischófke)	купи́ть по дешёвке
billiges Zeug	(dischófka)	дешёвка
etwas ist umsonst	(chaljáwa/schára/ na chaljáwu/na scháru)	халя́ва/ша́ра/ на халя́ву/на ша́ру

AUSGEBEN UND EINNEHMEN

etwas mit Gewinn verkaufen	(ftjúchat/talknút)	втю́хать/толкну́ть
hinblättern	(baschlját/atsljunjáwit)	башля́ть/отслюня́вить
abgezockt werden	(papást na djéngi)	попа́сть на де́ньги

ARBEIT

Arbeit/Maloche	(dalbjóschka)	долбёжка
schuften/malochen	(karjátschitsja/fkálywat/ dalbátsja)	коря́читься/вка́лывать/ долба́ться/
sich abrackern	(sadalbátsja/satráchatsja)	задолба́ться/затра́хаться
arbeiten wie ein Streber	(schurschát)	шурша́ть
checken/blicken/peilen	(wrubátsja/ftykát/ wjisschát/fsasát)	вруба́ться/втыка́ть/ въезжа́ть/всоса́ть
faulenzen	(pinát (ganját) baldú/ filónit)	пина́ть (гоня́ть) балду/ фило́нить
Faulpelz	(satschók)	сачо́к/фило́н
nichts tun	(satschkáwat)	сачкова́ть
funktionieren	(furýtschit/funziklírawat)	фуры́чить/ функцикли́ровать
etwas anstellen/ Scheiße bauen	(lachanútsja/saschkwáritsa)	лохану́ться/зашква́риться
etwas ist im Eimer/ hat den Geist aufgeben	(nakrýtsja/nakrýtsja medným tásom)	накры́ться/накры́ться медным тазом

WETTER

Es ist saukalt.	(chaladrýga/kalatún/ dubár/dubák)	холодры́га/колоту́н/ дуба́рь/дуба́к
Mir ist saukalt.	(ja usché sadubjél)	Я уже́ задубе́л.
frieren	(sadubét)	задубе́ть
wie Espenlaub (wörtl. wie ein Hündchen) zittern*	(draschát kak zúzik)	дрожа́ть, как цу́цик
kühl	(chaladnawátista)	холоднова́тисто

IMPRESSUM

Titelbild: Vektorgrafik (shutterstock/Cienpies Design)
Fotos: GettyImages: Andresr (68/69); GettyImages/Calvindexter (56 (16), 59 (11), 59 (22)); GettyImages/EyeEM: S. Arning (22/23); GettyImages/Kolostock: D./L. Jacobs (8/9); GettyImages/Plush Studios (54/55); mauritius images/age fotostock: H. Jones (3 Mi., 78/79); mauritius images/Alamy: I. Chiosea (2 re., 106/107); mauritius images/Alamy/RedNumberOne (3 li., 38/39); mauritius images/Westend61: G. Fochesato (12/13)

7., aktualisierte Auflage 2019

Konzept und Projektleitung: Carolin Schmid, C.C.SCHMID München
Bearbeitet von: Ursula Junger, Hamburg; Swetlana Dadaschewa, Köln; Alexander Werzeiser, Köln
Redaktion: PONS GmbH, Stuttgart; MAIRDUMONT, Ostfildern; Barbara Pflüger, Stuttgart; trans texas publishing services GmbH, Köln
Satz: Fotosatz Kaufmann, Stuttgart

Kapitel Achtung! Slang:
Redaktion: MAIRDUMONT, Ostfildern; Bintang Buchservice GmbH, Berlin
Autorin: Tatjana Kittel-Vovk, Ludwigsburg; Swetlana Dadaschewa, Köln

Titelgestaltung: Michael Schipke, MAIRDUMONT, Ostfildern
Innengestaltung: Zum goldenen Hirschen, Hamburg; red.sign, Stuttgart

Printed in Poland

MIX
Paper from responsible sources
FSC® C018236
FSC
www.fsc.org

> AUF ALLES VORBEREITET

Beim Arzt, bei der Polizei oder auf der Bank: Wenn's knifflig wird oder schnell gehen soll, dann hilft Ihnen dieses praktische Kapitel in jedem (Not-)Fall.

ARZT

AUSKUNFT | spráwatschnaja slúschba | СПРА́ВОЧНАЯ СЛУ́ЖБА

Können Sie mir einen guten ... empfehlen?	wy móschytje passawjétawat mnje charóschywa ...?	Вы мо́жете посове́товать мне хоро́шего ...?
Arzt	wratschá	врача́
Augenarzt	akulísta	окули́ста
Frauenarzt	ginikólaga	гинеко́лога

VON A BIS Z

Hals-Nasen-Ohren-Arzt	lóra, atarinalaringólaga	ло́ра, оторино-ларинго́лога
Hautarzt	dirmatólaga	дермато́лога
Kinderarzt	djétskawa wratschá	де́тского врача́
Zahnarzt	subnówa wratschá	зубно́го врача́
Wann/Wo hat er/sie Sprechstunde?	kagdá/gdje on/aná prinimájit?	Когда́/Где он/она́ принима́ет?

Apotheke: Seite 57, 60

BEIM ARZT | u-wratschá | У ВРАЧА́

Was für Beschwerden haben Sie?	na-schto wy schálujitis schto bispakóit?	На что Вы жа́луетесь Что беспоко́ит?
Ich habe Kopfschmerzen.	u-minjá balíd galawá.	У меня́ боли́т голова́.
Ich habe Halsschmerzen.	u-minjá balíd górla.	У меня́ боли́т го́рло.
Ich habe (starken) Husten.	u-minjá (sílny) káschyl.	У меня́ (си́льный) ка́шель.
Ich habe mich am/an der ... verletzt.	ja pawridíl/pawridíla sibjé ...	Я повреди́л m/повреди́ла f себе́ …
Ich bin allergisch gegen ...	u-minjá allérgija na ...	У меня́ алле́ргия на …
Antibiotika.	antibiótik.	антибио́тик.
Bienen.	ukús ptschilý.	уку́с пчелы́.
Pollen.	pýlzu.	пы́льцу.
Ich bin Diabetiker/in.	ja diabjétik.	Я диабе́тик.
Ich bin gegen ... geimpft.	ja wakzinírawanny/ wakzinírawannaja prótif	Я вакцини́рованный/ вакцини́рованная про́тив
Hepatitis A/B/A und B	gepatíta A/B/A i B.	гепати́та A/B/A и B.
Tetanus	stalbniká.	столбняка́.
Typhus	tífa.	ти́фа.
Wie oft muss ich es einnehmen?	kak tschásta mnje núschna éta prinimát?	Как ча́сто мне ну́жно это принима́ть?
Ich bin ...	ja ...	Я …
Allergiker.	allérgik.	алле́ргик.
Epileptiker.	epiléptik.	эпиле́птик.
Wo tut es weh?	gdje u-was balít?	Где у Вас боли́т?
Ich habe hier Schmerzen.	sdjes u-minjá balít.	Здесь у меня́ боли́т.
Es ist nichts Ernstes.	nitschiwó sirjósnawa.	Ничего́ серьёзного.
Können Sie mir bitte etwas gegen ... verschreiben?	wy móschytje wýpissat mnje schtó-nibut prótif ...?	Вы мо́жете вы́писать мне что́-нибудь про́тив … ?

BEIM ZAHNARZT | u-subnówa wratschá | У ЗУБНО́ГО ВРАЧА́

Ich habe (starke) Zahnschmerzen.	u-minjá (ótschin) balját súby.	У меня́ (о́чень) боля́т зу́бы.
Dieser Zahn (oben/unten/ vorn/hinten) tut weh.	état sup (wjérchni/níschni/ pirjédni/sádni) balít.	Этот зуб (ве́рхний/ ни́жний/пере́дний/ за́дний) боли́т.
Ich habe eine Füllung verloren.	u-minjá wýpala plómba.	У меня́ вы́пала пло́мба.
Mir ist ein Zahn abgebrochen.	u-minjá slamálsja sup.	У меня́ слома́лся зуб.
Geben Sie mir bitte eine/ keine Spritze.	sdjélajtje/ni-djélajtje mnje abisbóliwajuschtschi ukól, paschálsta.	Сде́лайте/Не де́лайте мне обезбо́ливающий уко́л, пожа́луйста.

IM KRANKENHAUS | w-balníze | В БОЛЬНИ́ЦЕ

Wie lange muss ich hier bleiben?	kag dólga ja sdjes prabúdu?	Как до́лго я здесь пробу́ду?
Wann darf ich aufstehen?	kagdá mnje móschna búdit fstawát?	Когда́ мне мо́жно бу́дет встава́ть?

Abszess	apszés	абсце́сс
Aids	spit	спид
Allergie (gegen ...)	allirgíja (na ...)	аллерги́я (на ...)
ansteckend	sarásny	зара́зный
Arm	ruká, rúki	рука́ sing, ру́ки pl
Asthma/Atembeschwerden	ástma/udúschje	а́стма/уду́шье
Auge	glas, glasá	глаз sing, глаза́ pl
Ausschlag	syp	сыпь f
Bänderriss	rasrýf swjásak	разры́в свя́зок
Bauch	schywót	живо́т
Bein	nagá, nógi	нога́ sing, но́ги pl
bewusstlos	bissasnátilny	бессозна́тельный
Blähungen	gásy	га́зы m pl
Blase	matschiwój pusýr	мочево́й пузы́рь
Blinddarm	slipája kischká	слепа́я кишка́
Blut	krof	кровь
Blutdruck (hoher/niedriger)	krawinóje dawljénije (pawýschynaje/paníschynaje)	кровяно́е давле́ние (повы́шенное/пони́женное)

WIE DIE EINHEIMISCHEN

Insider Tipp

Privatpraxis oder Poliklinik?

Sollten Sie zum Arzt oder Zahnarzt müssen, können Sie zwischen privaten Gemeinschaftspraxen „midizínskaje abjidinjénje" «медици́нское объедине́ние», staatlichen Polikliniken „paliklínika" «поликли́ника» und von ausländischen Ärzten geführten internationalen Kliniken „mischdunaródnyje klíniki" «междуна́родные кли́ники» wählen. Bezahlen müssen Sie in der Regel bar in Rubeln oder mit Kreditkarte. Wenn Sie eine Auslandskrankenversicherung abgeschlossen haben (dringend zu empfehlen!), bekommen Sie zu Hause die Kosten gegen Vorlage der Rechnung zurückerstattet.

bluten	(Wunde) krawatatschít	кровоточи́ть
	(Mensch) istikát krówju	истека́ть кро́вью
Blutvergiftung	saraschénije krówi	заражéние крóви
Borreliose	bariljós	боррелёз
Bronchitis	branchít	бронхи́т
Bruch	grýscha	гры́жа
Brust	grut	грудь f
Bypass	drinásch	дрена́ж
Darm	kischká	кишка́
Diabetes	diabjét	диабéт
Durchfall	panós	поно́с
Eiter	gnoj	гной
Empfang	prijómnaja	приёмная
Entzündung	waspaljénije	воспалéние
Erbrechen	rwóta	рво́та
erkälten, sich	prastudítsja	простуди́ться
Facharzt/-ärztin	wratsch-spizyalíst	врач-специали́ст
Fehlgeburt	wýkidysch	вы́кидыш
Fieber	timpiratúra	температу́ра
Finger	páliz	па́лец
Fuß	nagá, nógi	нога́ sing, но́ги pl
Gallenblase	schóltschny pusýr	жёлчный пузы́рь
gebrochen	slómany	сло́манный
Gehirn/Gehirnerschütterung	mosk/sastrissjénije mósga	мозг/сотрясéние мо́зга
Gehirnschlag	(apapliksítschiski) udár	(апоплекси́ческий) уда́р
Gelbsucht	schyltúcha	желту́ха
Gelenk	sustáf	суста́в
Geschlechtskrankheit	winirítschiskaja baljésn	венери́ческая болéзнь
Geschlechtsorgane	palawýje órgany	половы́е о́рганы
geschwollen	apúchschy	опу́хший
Geschwür	jáswa	я́зва
Gesicht	lizó	лицо́
Grippe	grip	грипп
Hals	górla	го́рло
Halsschmerzen	bol w-górlje	боль f в го́рле
Hand	ruká, rúki	рука́ sing, ру́ки pl
Haut	kóscha	ко́жа
Herpes	gjérpis	гéрпес
Herz	sjérze	сéрдце
Herzanfall	sirdjétschny prístup	сердéчный при́ступ
Herzbeschwerden	sirdjétschnyje nidúgi	сердéчные неду́ги m
Herzfehler	parók sjérza	поро́к сéрдца
Herzinfarkt	infárkt miakárda	инфа́ркт миока́рда
Herzschrittmacher	kardiastimuljátar	кардиостимуля́тор

Hexenschuss	prastrjél	престре́л
Hirnhautentzündung	miningít	менинги́т
HIV-positiv	witsch-palaschítilny	ВИЧ-положи́тельный
Hüfte	bidró	бедро́
Husten	káschyl	ка́шель m
Impfung	priwífka	приви́вка
Infektion	infjékzyja	инфе́кция
Ischias	íschyas	и́шиас
Kinderlähmung	paliamijilít	полиомиели́т
Knie	kaljéna	коле́но
Knöchel	ladýschka	лоды́жка
Knochen	kost	кость f
Knochenbruch	pirilóm kósti	перело́м ко́сти
Kolik	kóliki	ко́лики f pl
Kopf	galawá	голова́
Kopfschmerzen	galawnája bol	головна́я боль
Krampf	súdaraga	су́дорога
krank	balnój	больно́й
Krankenhaus	balníza	больни́ца
Krankenschein	strachawóje swidjétilstwa	страхово́е свиде́тельство
Krankenschwester	mitsistrá	медсестра́
Krankheit	baljésn	боле́знь f
Krebs	rak	рак
Kreislaufstörung	naruschénije krawa-abraschtschénija	наруше́ние крово-обраще́ния
Lähmung	paralítsch	парали́ч
Lebensmittelvergiftung	pischtschiwóje atrawljénije	пищево́е отравле́ние
Leber	pjétschin	пе́чень f
Leistenbruch	pachawája grýscha	пахова́я гры́жа
Lippe	gubá	губа́
Loch (im Zahn)	dupló	дупло́
Lunge	ljóchkaje	лёгкое
Magen	schylúdak	желу́док
Magenschmerzen	schylúdatschnaja bol	желу́дочная боль
Mandeln	mindáliny	минда́лины f pl
Masern	kor	корь f
Menstruation	minstruázyja	менструа́ция
Migräne	migrjén	мигре́нь f
Mittelohrentzündung	waspaljénije srjédniwa úcha	воспале́ние сре́днего у́ха
Mumps	swínka	сви́нка
Mund	rot	рот
Muskel	múskul, mýschza	му́скул, мы́шца
Narbe	schram, rubjéz	шрам, рубе́ц

Narkose	narkós	нарко́з
Nase	nos	нос
Nerv	njerf	нерв
nervös	njérwny	не́рвный
Nierenentzündung	waspaljénije pótschik	воспале́ние по́чек
Nierenstein	pótschitschny kámin	по́чечный ка́мень
Ohnmacht	óbmarak	о́бморок
Ohr	úcha, úschy	у́хо sing, у́ши pl
Operation	apirázyja	опера́ция
Pilzinfektion	gripkówaja infjékzyja	грибко́вая инфе́кция
Plombe	plómba	пло́мба
Pocken	óspa	о́спа
Praxis	kabinjét wratschá	кабине́т врача́
Prellung	uschýp	уши́б
Prothese	pratés	проте́з
Puls	puls	пульс
Quetschung	kantúsija	конту́зия
Rheuma	riwmatísm	ревмати́зм
Rippe	ribró	ребро́
röntgen	prasswitít	просвети́ть
Röteln	krassnúcha	красну́ха
Rücken/Rückenschmerzen	spiná/bol f-spinjé	спина́/боль f в спине́
Salmonellen	salmanilljós	сальмонеллёз
Schädel	tschérip	че́реп
Scharlach	skarlatína	скарлати́на
Schlaflosigkeit	bissónniza	бессо́нница
Schlaganfall	(apapliksítschiski) udár	(апоплекси́ческий) уда́р
Schmerzen	bol	боль f
Schnittwunde	rjésanaja rána	ре́заная ра́на
Schnupfen	nássmark	на́сморк
Schulter	plitschó	плечо́
Schüttelfrost	asnóp	озно́б
schwanger/Schwangerschaft	biréminnaja/biréminnast	бере́менная/бере́менность f
Schwellung	apuchánije	опуха́ние
Schwindel	galawakruschénije	головокруже́ние
Speiseröhre	pischtschiwót	пищево́д
Sprechstunde	prijómnyje tschissý	приёмные часы́
Spritze (Injektion)	ukól	уко́л
Stich	kólataja rána	ко́лотая ра́на
Stirnhöhlenentzündung	waspaljénije lóbnych pásuch	воспале́ние ло́бных па́зух
Stuhlgang	stul	стул
Tetanus	stalbnják	столбня́к
Trommelfell	barabánnaja piripónka	бараба́нная перепо́нка
Übelkeit	taschnatá	тошнота́

VON A BIS Z

Ultraschalluntersuchung	assmótr ultraswúkam	осмо́тр ультразву́ком
Unterleib	nischnija tschast schywatá	ни́жняя часть живота́
Untersuchung	assmótr	осмо́тр
Urin	matschá	моча́
Verbrennung	aschók	ожо́г
Verdauung	pischtschiwarjénije	пищеваре́ние
Vergiftung	atrawljénije	отравле́ние
verletzen	pawridít	поврди́ть
Verletzung	pawrischdjénije	поврежде́ние
verschreiben	wýpissat	вы́писать
verstaucht	rastjánuty	растя́нутый
Verstopfung	sapór	запо́р
Virus	wírus	ви́рус
wehtun	baljét	боле́ть
Windpocken	wjétrinaja óspa	ве́тряная о́спа
Wunde	rána	ра́на
Zahn	sup	зуб
Zecke	kljeschtsch	клещ
Zehe	páliz (na-nagjé)	па́лец (на ноге́)
Zerrung	rastischénije	растяже́ние
ziehen (Zahn)	udalít	удали́ть
Zunge	jisýk	язы́к

BANK/GELDWECHSEL

Zahlen: Umschlagklappe vorne

Wo ist hier eine Bank/ eine Wechselstube?	gdje sdjes bank/punkt abmjéna waljúty?	Где здесь банк/пункт обме́на валю́ты?
Ich möchte ... Euro/Schweizer Franken/Dollar in Rubel wechseln.	ja chatjél/chatjéla by abminját ... jéwra/ schwijzárskich fránkaf/ dóllaraf na-rublí.	Я хоте́л m/хоте́ла f бы обменя́ть … е́вро/ швейца́рских фра́нков/ до́лларов на рубли́.
Können Sie mir bitte sagen, wie heute der Wechselkurs ist?	ni-maglí by wy mnje skasát, kakój siwódnja kurs abmjéna?	Не могли́ бы Вы мне сказа́ть, како́й сего́дня курс обме́на?
Ich möchte diesen Reisescheck einlösen.	ja chatjél/chatjéla by palutschít djéngi pa-étamu turístskamu tschéku.	Я хоте́л m/хоте́ла f бы получи́ть де́ньги по э́тому тури́стскому че́ку.
Ihren Pass, bitte.	wasch páspart, paschálsta.	Ваш па́спорт, пожа́луйста.
Unterschreiben Sie bitte hier.	patpischýtje sdjes, paschálsta.	Подпиши́те здесь, пожа́луйста.

Der Geldautomat akzeptiert meine Karte nicht.	bankamát nje prinimájit majú kártatschku.	Банкома́т не принима́ет мою́ ка́рточку.
Meine Karte ist im Automaten stecken geblieben.	majá kártatschka sastrjála w-bankamátje.	Моя́ ка́рточка застря́ла в банкома́те.

auszahlen	wýplatit	вы́платить
Bank	bank	банк
Betrag	súmma	су́мма
Euro	jéwra	е́вро
Formular	blank	бланк
Geheimzahl	tájny schyfr	та́йный шифр
Geld	djéngi	де́ньги f pl
Geldautomat	bank-aftamát	банк-автома́т
Geldschein	banknót	банкно́т
Geldwechsel	abmjén djénik	обме́н де́нег
Kasse	kássa	ка́сса
Kleingeld	mjélatsch	ме́лочь f
Kreditkarte	kridítnaja kártatschka	креди́тная ка́рточка
Kurs	kurs	курс
Münze	manjéta	моне́та
Reisescheck	turístski tschek	тури́стский чек
Schalter	aknó	окно́
Scheck	tschek	чек
Schweizer Franken	schwijzárskije fránki	швейца́рские фра́нки m pl
umtauschen	abminját	обменя́ть
Unterschrift	pótpis	по́дпись f
Währung	waljúta	валю́та
Wechselkurs	waljútny kurs	валю́тный курс
Wechselstube	punkt abmjéna waljúty	пункт обме́на валю́ты

FARBEN

Zeigebilder: Seite 4

beige	bjéschywy	бе́жевый
blau	síni	си́ний
braun	karítschniwy	кори́чневый
einfarbig	adnazwjétny	одноцве́тный
farbig	zwitnój	цветно́й
gelb	schólty	жёлтый
goldfarben	salatísty	золоти́стый

grau	sjéry	се́рый
grün	siljóny	зелёный
orange	aránschywy	ора́нжевый
rot	krássny	кра́сный
schwarz	tschórny	чёрный
silberfarben	siribrísty	серебри́стый
türkis	birjusówy	бирюзо́вый
violett	fialjétawy	фиоле́товый
weiß	bjély	бе́лый
hellblau/hellgrün	swjétla-síni/swjétla-siljóny	све́тло-си́ний/све́тло-зелёный
dunkelblau/dunkelgrün	tjómna-síni/tjómna-siljóny	тёмно-си́ний/тёмно-зелёный

FOTOGRAFIEREN

Zeigebilder: Seite 59

Darf ich Sie fotografieren?	rasrischájitje mnje sfatagrafírawat was?	Разреша́ете мне сфотографи́ровать Вас?
Ist hier Fotografieren erlaubt?	móschna sdjes sfatagrafírawat?	Мо́жно здесь сфотографи́ровать?
Könnten Sie bitte ein Foto von uns machen?	ni-maglí by wy nas sfatagrafírawat?	Не могли́ бы Вы нас сфотографи́ровать?
Drücken Sie auf diesen Knopf.	naschmítje na-étu knópatschku.	Нажми́те на э́ту кно́почку.
Das ist sehr freundlich!	éta ótschin ljubjésna!	Э́то о́чень любе́зно!

FUNDBÜRO

Wo ist das Fundbüro?	gdje bjuró nachódak?	Где бюро́ нахо́док?
Ich habe ... verloren.	ja patirjál/patirjála ...	Я потеря́л m/ потеря́ла f …
Ich habe meine Tasche im Zug vergessen.	ja sabyl/sabýla swajú súmku f-pojisdje.	Я забы́л m/забы́ла f свою́ су́мку в по́езде.
Benachrichtigen Sie mich bitte, wenn sie abgegeben werden sollte.	iswistítje minjá, jéssli sdadút.	Извести́те меня́, е́сли сдаду́т.

HANDY, TELEFON & CO.

Meine Prepaid-Karte ist leer.	na maéj platézhnaj kárte net déneg.	На моéй платежной кáрте нет дéнег.
Ich möchte meine Karte aufladen.	ja by chatjél/chatjéla saridít swajú kártu.	Я бы хотéл/хотéла зарядúть свою́ кáрту.
Wie viele Minuten kann ich mit einer Karte für ... Rubel sprechen?	skólka minút ja magú gawarít pa-kártatschkje sa-... rubljéj?	Скóлько минýт я могý говорúть по кáрточке за … рублéй?
Für welches Gebiet gilt diese SIM-Karte?	kakój achwát tiritórii étaj sim-kárty?	Какóй охвáт территóрии э́той СИМ-кáрты?
Wie viel kostet es pro Minute?	skólka stóit minúta?	Скóлько стóит минýта?
Geben Sie mir bitte eine Tarifübersicht.	dájtje, paschálsta, raspitschátku tarífaf.	Дáйте, пожáлуйста, распечáтку тарúфов.
Haben Sie Guthabenkarten der Mobilfunkgesell-schaft ...?	u was est kridítnye kárta-tschki prawájdira ... ?	У Вас есть кредúтные кáрточки провáйдера … ?
Mein Akku ist leer. Haben Sie ein Ladekabel für mich?	moj akkumuljátar sel. Jest-li u was kábil dla sarjátki?	Мой аккумуля́тор сел. Есть ли у Вас кáбель для заря́дки?
Ich möchte ... ein R-Gespräch führen.	ja by chatjél/chatjéla ... swanít pa aplátschinnamu wýsawu.	Я бы хотéл/хотéла … звонúть по оплáченному вы́зову.
Wie ist die Vorwahl von ...?	kakój tilifónny kot ...?	Какóй телефóнный код …?
Ich möchte nach ... telefonieren.	ja by chatjél/chatjéla poswanít f ...	Я бы хотéл/хотéла позвонúть в …
Hier spricht ...	éta gawarít ...	Э́то говорúт …
Hallo, mit wem spreche ich?	alló, s-kjem ja gawarjú?	Аллó, с кем я говорю́?
Kann ich bitte Herrn/ Frau ... sprechen?	móschna pagawarít s-gaspadínam/ s-gaspaschój ...?	Мóжно поговорúть с господúном/ с госпожóй …?
Haben Sie WLAN?	u was est waifai	У Вас есть вайфáй?
Wie lautet das Passwort?	kakój sdes kod	Какой здесь код?
Ich bekomme keine Verbindung.	u minja net sótowoj seti	У меня нет сотовой сети.
Kann ich bei Ihnen etwas ausdrucken?	ja magú u was koe-schto raspitschátat	Я могу у вас кое-что распечатать?
abnehmen, Hörer ~	snjat trúpku	снять трýбку
Anruf	swanók	звонóк
anrufen	swanít (pa-tilifónu)	звонúть (по телефóну)
Auskunft	infarmázija	информáция
Auslandsgespräch	mischdunaródny rasgawór	междунарóдный разговóр

VON A BIS Z

besetzt	sánita	зáнято
Ferngespräch	mischdugaródny rasgawór	междугорóдный разговóр
Gebühr	pláta	плáта
Gespräch	rasgawór	разговóр
GPS	dzipies	GPS
Handy	mabílnik	мобúльник
Ladekabel	sarjádny kábil	зарядный кабель
Ortsgespräch	garatskój rasgawór	городскóй разговóр
Prepaid-Karte	kárta pridapláty	платёжная кáрта
SIM-Karte	SIM-kárta	SIM-кáрта
Smartphone	smártfan	смáртфон
Telefon	tilifón	телефóн
Telefonbuch	tilifónny sprawatschnik	телефóнный спрáвочник
Telefongespräch	tilifónny rasgawór	телефóнный разговóр
telefonieren	swanít pa-tilifónu	звонúть ло телефóну
Telefonkarte	tilifónnaja kártatschka	телефóнная кáрточка
Telefonmünze	tilifónny schytón	телефóнный жетóн
Telefonnummer	nómir (tilifóna)	нóмер (телефóна)
Telefonzelle	tilifón-aftamát	телефóн-автомáт
Verbindung	swjas	связь f
Vermittlung	tilifónnaja stánzyja	телефóнная стáнция
Vorwahlnummer	tilifónny kot	телефóнный код
wählen	nabrát	набрáть
WLAN/Internet	waifai/internet	вайфáй/интернет

WIE DIE EINHEIMISCHEN

Insider Tipp

„Aló?"

Wenn Sie jemanden anrufen, werden Sie ein knappes „Hallo" „Aló?" «Алло?» zu hören bekommen. Man ist – außer in freundschaftlichen Privatgesprächen – in der Regel kurz angebunden.

Telefonkarten „tilifónnyje kártaschki" «телефóнные кáрточки» gibt es auf Postämtern „patschtámt" «почтáмт», an Metroschaltern und Kiosken „kióski" «киóски».

MIT KINDERN UNTERWEGS

Gibt es auch Kinderportionen?	jest i djétskaje minjú?	Есть и де́тское меню́?
Können Sie mir einen Spielplatz empfehlen?	wy mozhití mne parikamendawát détskuju igrawujú plaschádku	Вы можете мне порекомендовать детскую игровую площадку?
Könnten Sie mir bitte das Fläschchen warm machen?	wy ni-maglí by padagrjét mnje butýlatschku?	Вы не могли́ бы подогре́ть мне буты́лочку?
Wo kann ich stillen?	gdje móschna pakarmít ribjónka grúdju?	Где мо́жно покорми́ть ребёнка гру́дью?

Babybett	djétskaja krawát	де́тская крова́ть
Babyfon	bibifón	бебифо́н
Kinderautositz	djétskaje sidjénje	де́тское сиде́нье
Kinderbetreuung	uchót sa-ditmí	ухо́д за детьми́
Kinderermäßigung	skítka dli-ditjéj	ски́дка для дете́й
Kinderkrankenhaus	djétskaja balníza	де́тская больни́ца
Kindernahrung	djétskaje pitánije	де́тское пита́ние
Saugflasche	butýlka s-sóskaj	буты́лка с со́ской
Schnuller	sóska	со́ска
Schwimmflügel	naduwnýje narukáwniki	надувны́е нарука́вники
Schwimmring	pláwatilny kruk	пла́вательный круг
Spielkameraden	druschkí	дружки́
Spielplatz	djétskaja plaschtschátka	де́тская площа́дка
Spielsachen	igrúschki	игру́шки
Wickeltisch	stólik dli-pilinánija	сто́лик для пелена́ния
Windeln	piljónki, padgúsniki	пелёнки f pl, подгу́зники m pl

POLIZEI

Wo ist das nächste Polizeirevier?	gdje blischájschyje adiljénije milízy?	Где ближа́йшее отделе́ние мили́ции?
Ich möchte einen ... anzeigen.	ja chatschú sajáwit ...	Я хочу́ зая́вить …
einen Diebstahl	a-krásche.	о кра́же.
einen Verlust	a-patjérje.	о поте́ре.
einen Unfall	a-nischtschássnam slútschaje.	о несча́стном слу́чае.

Ich bin überfallen/ vergewaltigt worden.	na minjá napadáli/ minjá isnasílowali.	На меня́ напада́ли/меня́ изнаси́ловали.
Mir ist ... gestohlen worden.	u-minjá ukráli ...	У меня́ укра́ли …
die Handtasche	súmatschku.	су́мочку.
der Geldbeutel	kaschiljók.	кошелёк.
mein Fotoapparat	fataaparát.	фотоаппара́т.
mein Auto	maschýnu.	маши́ну.
mein Fahrrad	wilassipjét.	велосипе́д.
Mein Auto ist aufgebrochen worden.	wslamáli majú maschýnu.	Взлома́ли мою́ маши́ну.
Ich habe ... verloren.	ja patirjál/patirjála ...	Я потеря́л m/ потеря́ла f …
Mein Sohn/Meine Tochter ist verschwunden.	moj syn patirjálsja./ majá dotsch patirjálas.	Мой сын потеря́лся./ Моя́ дочь потеря́лась.
Helfen Sie mir, bitte!	wy móschytje pamótsch mnje?	Вы мо́жете помо́чь мне?
Ich möchte einen Anwalt sprechen.	ja by chatjél/chatjéla pagawarít s-adwakátam.	Я бы хоте́л/хоте́ла поговори́ть с адвока́том.
Wenden Sie sich an das deutsche/österreichische/ Schweizer Konsulat.	abratítis w-nimjézkaje/ w-afstríjskaje/ f-schwijzárskaje kónsulstwa.	Обрати́тесь в неме́цкое/ в австри́йское/ в швейца́рское ко́нсульство.

anzeigen	sajiwít a-...	заяви́ть о …
aufbrechen	wslamát	взлома́ть
Autoradio	aftamabílny radia-prijómnik	автомоби́льный радиоприёмник
Autoschlüssel	aftamabílny kljutsch	автомоби́льный ключ
belästigen	pristawát k-...	пристава́ть к …
beschlagnahmen	kanfiskawát	конфискова́ть
Brieftasche	bumáschnik	бума́жник
Dieb/in	wor/warófka	вор/воро́вка
Diebstahl	kráscha	кра́жа
Gefängnis	tjurmá	тюрьма́
Geld	djéngi	де́ньги f pl
Geldbörse	kaschyljók	кошелёк
Gericht	sut	суд
Papiere	dakumjénty	докуме́нты m pl
Personalausweis	(apschtschigrasch-dánski) páspart	(общеграждáнский) па́спорт
Polizei	milízyja, palízyja	мили́ция, поли́ция
Polizist/in	milizyanjér	милиционе́р
Rauschgift	narkótik	нарко́тик
Rechtsanwalt/-anwältin	adwakát/adwakatjéssa	адвока́т/адвокате́сса

Reisepass	sagranítschny páspart	заграни́чный па́спорт
Richter/in	sudjá	судья́
Scheck	tschek	чек
Scheckkarte	tschékawaja kártatschka	че́ковая ка́рточка
Schlüssel	kljutsch	ключ
Taschendieb/in	karmány wor/karmánaja warófka	карма́нный вор/карма́нная воро́вка
Überfall	napadjénije	нападе́ние
Verbrechen	pristupljénije	преступле́ние
Vergewaltigung	isnassílawanije	изнаси́лование
verhaften	aristawát	арестова́ть
verlieren	patirját	потеря́ть
zusammenschlagen	isbít	изби́ть

POST

Wo ist das nächste Postamt/ der nächste Briefkasten?	gdje blischájschi patschtámt/ patschtówy jáschtschik?	Где ближа́йший почта́мт/ почто́вый я́щик?
Was kostet ein Brief/ eine Postkarte ...	skólka stóit atpráwit pissmó/ atkrýtku ...	Ско́лько сто́ит отпра́вить письмо́/ откры́тку …
nach Deutschland?	w-girmániju?	в Герма́нию?
nach Österreich?	w-áfstriju?	в А́встрию?
in die Schweiz?	f-schwijzáriju?	в Швейца́рию?
Diesen Brief bitte ...	éta pissmó atpráftje ..., paschálsta.	Э́то письмо́ отпра́вьте …, пожа́луйста.
per Luftpost.	awiapótschtaj.	авиапо́чтой.
auf dem Landweg.	nasjémnym tránspartam.	назе́мным тра́нспортом.
Absender	atprawítil	отправи́тель m
Adresse	ádris	а́дрес
aufgeben	atpráwit	отпра́вить
ausfüllen	sapólnit	запо́лнить
Bestimmungsort	mjésta nasnatschénija	ме́сто назначе́ния
Brief	pissmó	письмо́
Briefkasten	patschtówy jáschtschik	почто́вый я́щик
Briefmarke	patschtówaja márka	почто́вая ма́рка
Briefumschlag	kanwjért	конве́рт
Eilbrief	srótschnaje pissmó	сро́чное письмо́
Empfänger	palutschátil	получа́тель m
frankieren	nakljéit márku	накле́ить ма́рку

Gebühr	pláta, sbor	пла́та, сбор
Gewicht	wjes	вес
Hauptpostamt	gláwny patschtámt	гла́вный почта́мт
Leerung	wýjimka píssim	вы́емка пи́сем
Paket	passýlka	посы́лка
Porto	patschtówy sbor	почто́вый сбор
Postamt	patschtámt	почта́мт
Postkarte	atkrýtka	откры́тка
Postleitzahl	patschtówy índyx	почто́вый и́ндекс
Schalter	aknó	окно́

TOILETTE UND BAD

Wo ist die Toilette?	gdje sdjes tualjét?	Где здесь туале́т?
Dürfte ich wohl bei Ihnen die Toilette benutzen?	magú li ja waspólsawatsja wáschym tualjétam?	Могу́ ли я воспо́льзоваться Ва́шим туале́том?
Würden Sie mir bitte den Schlüssel für die Toiletten geben?	ni-dadítje mnje kljutsch at-tualjéta?	Не дади́те мне ключ от туале́та?
Geben Sie mir bitte Toilettenpapier.	dájtje, paschálsta, tualjétnuju bumágu.	Да́йте, пожа́луйста, туале́тную бума́гу.

Damen	schénski	же́нский, «Ж»
Handtuch	palatjénze	полоте́нце
Handwaschbecken	rákawina	ра́ковина
Herren	muschskój	мужско́й, «М»
sauber	tschísty	чи́стый
schmutzig	grjásny	гря́зный
Seife	mýla	мы́ло
Tampons	tampóny	тампо́ны m pl
Toilettenpapier	tualjétnaja bumága	туале́тная бума́га
Wasserspülung	spusk wadý	спуск воды́

Wetter: S. 21
Zahlen: Umschlagklappe vorne
Zeitangaben: S. 18/19

DIE 1333 WICHTIGSTEN WÖRTER

Die hinter der russischen Aussprache aufgeführten Zahlen verweisen auf die entsprechenden Seiten der themenbezogenen Kapitel.
Im Russischen werden Hauptwörter (auch Eigennamen), Eigenschaftswörter, Fürwörter und Zahlwörter in sechs Fällen Singular und Plural dekliniert, wobei sich (wie z. B. im Lateinischen) meist die Endungen der Wörter verändern. Um ein Wort im Wörterbuch zu erkennen, muss man sich daher oft die Endung wegdenken.
Wenn bei Verben zwei Übersetzungen stehen, so bedeutet die vor dem Schrägstrich eine Handlung in ihrem Verlauf („imperfektiver Aspekt"), die andere eine abgeschlossene Handlung („perfektiver Aspekt"); steht nur eine Übersetzung, so ist es der imperfektive Aspekt, aus dem der perfektive meist mit einer Vorsilbe (z. B. по- [pa-]) gebildet werden kann.

A

ab с [s-...], от [at-...]
abbestellen отменя́ть/отмени́ть [atminját/atminít]
Abend ве́чер [wjétschir]
aber но [no]
Abfahrt отправле́ние [atprawljénije] > 33, 36
Abflug вы́лет [wýlit] > 31
ablehnen отка́зываться/отказа́ться [atkásywatsja/atkasátsja]
Abreise отъе́зд [atjést] > 71
abreisen (nach) уезжа́ть/уе́хать (в) [ujischát/ujéchat (f-...)]
Abschied проща́ние [praschtschánije] > 14
abschleppen отбукси́ровать [adbukssírawat]
Absender отправи́тель m [atprawítil] > 119
abwärts вниз [wnis]
Achtung внима́ние [wnimánije]
Adresse а́дрес [ádriss] > 119
Aktivurlaub акти́вный о́тпуск [aktiwny ótpusk] > 85 ff.
alle все [fsje]
allein оди́н m/одна́ f/одни́ pl [adín/adná/adní]
alles всё [fsjo]
als (zeitlich) когда́ [kagdá]; (in der Eigenschaft) как [kak]
also ита́к [iták]
alt ста́рый [stáry]
Alter во́зраст [wósrast] > 15
Amt (Verwaltung) управле́ние [uprawljénije]
anbieten подноси́ть/поднести́ [padnassít/padnistí]
andere, der/die/das ~/die ~n друго́й/друга́я/друго́е/други́е [drugój/drugája/drugóje/drugíje]
ändern переде́лывать/переде́лать [piridjélywat/piridjélat]
anders по-друго́му [pa-drugómu]
Anfang нача́ло [natschála]
Angst страх [strach]
anhalten (stehenbleiben) остана́вливаться/останови́ться [astanáwliwatsja/astanawítsja]
ankommen прибыва́ть/прибы́ть [pribywát/pribýt]
Ankunft прибы́тие [pribýtije] > 32
Anmeldung пропи́ска [prapíska]
Anreisetag день m прибы́тия [djen pribýtija]
Anruf звоно́к [swanók]
anrufen (telefonieren) звони́ть/позвони́ть [swanít/paswanít]
Anschrift а́дрес [ádris]
anstatt вме́сто [wmjésta]
anstrengend утоми́тельный [utamítilny]
antworten отвеча́ть/отве́тить [atwitschát/atwjétit]
Apotheke апте́ка [aptjéka] > 56 f., 60
Appetit аппети́т [appitít]
arbeiten рабо́тать [rabótat]
ärgern, s. ~ (über) серди́ться/рассерди́ться (на) [sirdítsja/rasirdítsja (na-...)]
arm бе́дный [bjédny]
Arzt врач [wratsch] > 106 ff.
auch то́же [tósche]
auf на [na-...]; (offen) откры́тый [atkrýty]
Aufenthalt пребыва́ние [pribywánije]; (~ unterwegs) остано́вка [astanófka] > 34
aufhören перестава́ть/переста́ть [piristawát/piristát]
aufpassen (auf) присма́тривать/присмотре́ть (за) [prissmátriwat/prissmatrjét (sa-...)]
aufstehen встава́ть/встать [fstawát/fstat]
aus из [is-...]; (vorbei) ко́нчено [kóntschina]; (~geschaltet) вы́ключено [wýkljutschina]
Ausfahrt вы́езд [wýjist]
Ausflug экску́рсия [exkúrssija] > 81 f.
ausfüllen пополня́ть/попо́лнить [papalnját/papólnit] > 119
Ausgang вы́ход [wýchat]
Auskunft спра́вка [spráfka] > 10 f., 22 f., 25, 31, 33, 35, 38, 68, 78, 106 f.
Ausländer/in иностра́нец/иностра́нка [inastrániz/inastránka]
außen снару́жи [snarúschy]
außer кро́ме [krómje]
außerdem кро́ме того́ [krómje tawó]
Aussicht вид [wit]

aussprechen произноси́ть/произнести́ [praisnassít/praisnistí]
aussteigen выходи́ть/вы́йти [wychadít/wýjti] > 34, 36
Ausweis докуме́нт [dakumjént]
Auto автомоби́ль m [aftamabíl] > 25 ff.

B

Baby младе́нец [mladjéniz] > 116
Bahnhof вокза́л [wagsál] > 33 f.
bald ско́ро [skóra]
Bank (Geldinstitut) банк [bank] > 113 f.; (Sitz~) скаме́йка [skamjéjka]
Bar бар [bar] > 82
Baum де́рево [djériwa]
Beanstandung реклама́ция [riklamázyja] > 40, 70
beantworten отвеча́ть/отве́тить [atwitschát/atwjétit]
bedeuten зна́чить [snátschit]
Bedienung обслу́живание [apslúschywanije]
beenden конча́ть/ко́нчить [kantschát/kóntschit]
befinden, s. ~ находи́ться [nachadítsja]
befreundet sein mit дружи́ть с [druschýt s-...]
befürchten опаса́ться [apassátsja]
beginnen начина́ть/нача́ть [natschinát/natschát]
begleiten провожа́ть/проводи́ть [prawaschát/prawadít]
begrüßen приве́тствовать [priwjétstwawat] > 12
behalten уде́рживать/удержа́ть [udjérschywat/udirschát]
Behindertentoilette туале́т, присп-осо́бленный для инвали́дов [tualjét, prispassóblinny dli-inwalídaf]
Behörde учрежде́ние [utschrischdjénije]
bei у [u-...]
beide о́ба m, n [óba]/f [óbje]
Beileid соболе́знование [sabaljésnawanije]
Beispiel приме́р [primjér]
beißen куса́ть/укуси́ть [kussát/ukussít]
beklagen, s. ~ (über) жа́ловаться (на) [schálawatsja (na-...)]
belästigen пристава́ть (к) [pristawát (k-...)] > 117
beleidigen обижа́ть/оби́деть [abischát/abídit]
benachrichtigen уведомля́ть/уве́домить [uwidamlját/uwjédamit]
benötigen нужда́ться (в) [nuschdátsja (f-...)]
benutzen употребля́ть [upatriblját]
Benzin бензи́н [binsín] > 25 ff.
Berg гора́ [gará]
Beruf профе́ссия [prafjéssija]
beruhigen, s. ~ успока́иваться/успоко́иться [uspakáiwatsja/uspakóitsja]
beschädigen поврежда́ть/повреди́ть [pawrischdát/pawridít]
bescheinigen свиде́тельствовать (о) [swidjétilstwawat (a-...)]
beschließen реша́ть/реши́ть [rischát/rischýt]
beschweren, s. ~ (über) жа́ловаться (на) [schálawatsja (na-...)]
besetzt за́нятый [sánity]
Besichtigung осмо́тр [assmótr]; экску́рсия [exkúrssija] > 78 ff.
besitzen владе́ть [wladjét]
Besitzer/in владе́лец/владе́лица [wladjéliz/wladjéliza]
besorgen (beschaffen) достава́ть/доста́ть [dastawát/dastát]
bestätigen подтвержда́ть/подтверди́ть [patwirschdát/patwirdít]
Besteck прибо́р [pribór]
Bestellung зака́з [sakáss] > 40
besuchen, jdn ~ посеща́ть/посети́ть [passischtschát/passitít]
Betrag су́мма [súmma]
betreten (Zimmer etc. ~) входи́ть/войти́ [fchadít/wajtí]
betrinken, s. ~ напива́ться/напи́ться [napiwátsja/napítsja]
betrügen обма́нывать/обману́ть [abmánywat/abmanút]
Bett крова́ть f [krawát]
Bewohner/in жи́тель/ница [schýtil/niza]
bewusstlos бессозна́тельный [bissasnátilny]
bezahlen плати́ть/заплати́ть [platít/saplatít]
Bild (Gemälde) карти́на [kartína]; (Foto) сни́мок [snímak]
billig дешёвый [dischówy]
bis до [da-...]
bitte пожа́луйста [paschálsta] > 14
Bitte про́сьба [prósba] > 14
bitten, jdn um etw ~ проси́ть у [prassít u-...]
bleiben остава́ться/оста́ться [astawátsja/astátsja]
Blitz мо́лния [mólnija]; вспы́шка [fspýschka]
Blume цвето́к [zwitók], pl: цветы́ [zwitý]
Blut кровь f [krof]
Boden (Fuß~) пол [pol]
Boot ло́дка [lótka]
böse злой [sloj]
Botschaft (diplomat. Vertretung) посо́льство [passólstwa]
Brand пожа́р [paschár]
brauchen нужда́ться (в) [nuschdátsja (f-...)]; (nötig sein) (быть) ну́жный [núschny]
brechen лома́ть/слома́ть [lamát/sslamát]
breit широ́кий [schyróki]
brennen жечь [schetsch]
Brief письмо́ [pissmó] > 119
Brieftasche бума́жник [bumáschnik] > 118
Brille очки́ n pl [atschkí] > 64
bringen приноси́ть/принести́ [prinassít/prinistí]
Brot хле [chljep] > 45, 48, 63
Bruder брат [brat]
Buch кни́га [kníga] > 66
buchstabieren чита́ть по бу́квам [tschitát pa-búkwam]
Bucht бу́хта [búchta], зали́в [salíf]
Buchung зая́вка [sajáfka] > 31 f.

Büro бюро́ [bjuró]
Bus авто́бус [aftóbus] > 23, 36

C

Café кафе́ [kafé]
Camping ке́мпинг [kjémpink] > 76 f.
Chef нача́льник [natschálnik]
Club/Diskothek клуб/дискоте́ка [klub/diskatjéka] > 82
Computer компью́тер [kampjútir] > 59
Computerhandlung компью́терный магази́н [kampjútirny magasin] > 56, 59
Cousin/e кузе́н/кузи́на [kusjén/kusina]

D

da (dort) там [tam]; (dann) тогда́ [tagdá]; (weil) так как [tak kak]
dafür sein (быть) за [(byt) sa-...]
dagegen sein (быть) про́тив [(byt) prótif ...]
daheim до́ма [dóma]
daher (von dort) отту́да [attúda]; (deshalb) поэ́тому [paétamu]
Dame да́ма [dáma]
danach пото́м [patóm]
danken благодари́ть [blagadarít] > 14
dann тогда́ [tagdá]; (danach) пото́м [patóm]
dasselbe то же са́мое [to sche sámaje]
Datum число́ [tschissló] > 19
Dauer продолжи́тельность f [pradalschýtilnast]
dauern продолжа́ться [pradalschátsja]
Decke (Bett~) одея́ло [adijála]; (Zimmer~) потоло́к [patalók]
defekt испо́рченный [ispórtschiny] > 26 f.
dein(e) твой m/твоя́ f/твоё n/твои́ pl [twoj/twajá/twajó/twaí]
denken an ду́мать о [dúmat a-...]
denn (weil) потому́ что [patamú schto]
deshalb поэ́тому [paétamu]
Deutsche, der/die ~ не́мец [njémiz]/[njémka]
Deutschland Герма́ния [girmánija]
dich тебя́ [tibjá]
dick то́лстый [tólsty]
Diebstahl кра́жа [krascha] > 118
diese(-r, -s) э́тот m/э́та f/э́то n/э́ти pl [état/éta/éta/éti]
Ding вещь f [wjeschtsch]
dir тебе́ [tibjé]
Direktor/in дире́ктор [dirjéktar]
Disko дискоте́ка [diskatjéka] > 82
doch да [da]; (jedoch) всё-таки [fsjó-taki]
Doktor до́ктор [dóktar]
doppelt двойно́й [dwajnój]
Dorf дере́вня [dirjéwnja], село́ [siló]
draußen (im Freien) на у́лице [na-úlize]
drin, drinnen внутри́ [wnutri]
dringend (eilig) спе́шный [spjéschny]
Drogerie галантере́я [galantirjéja] > 56, 58
du ты [ty]
dumm глу́пый [glúpy]
dunkel тёмный [tjómny]
dünn то́нкий [tónki]; (Mensch etc.) худо́й [chudój]
durch че́рез [tschéris ...]; по [pa-...]
Durchreise прое́зд [prajést]
dürfen adv мо́жно [móschna]
Durst жа́жда [scháschda]; ~ haben хоте́ть пить [chatjét pit]

E

eben (flach) ро́вный [równy]; (so~) как раз [kak rass]
Ebene равни́на [rawnina]
echt настоя́щий [nastajáschtschi]
Ecke у́гол [úgal]
Ehe брак [brak]
Ehefrau жена́ [schyná]
Ehemann муж [musch]
Ehepaar супру́ги m pl [suprúgi]
Eigenschaft сво́йство [swójstwa]
Eigentümer/in со́бственник/со́бственница [sópstwinik/ssópstwiniza]
eilig спе́шный [spjéschny]
ein оди́н [adín]
Einfuhr ввоз [wwoss]
Eingang вход [fchot]
einige не́сколько [njéskalka]
einigen, s. ~ соглаша́ться/согласи́ться [saglaschátsja/ssaglassítsja]
einkaufen покупа́ть/купи́ть [pakupát/kupít] > 54 ff.
einladen приглаша́ть/пригласи́ть [priglaschát/priglassít]
einmal раз [rass]; (einst) одна́жды [adnáschdy]
einreisen въезжа́ть/въе́хать [wjischát/wjéchat]
eins оди́н [adín], раз [rass]
einsam одино́кий [adinóki]
eintreten входи́ть/войти́ [fchadít/wajtí]
Eintrittskarte входно́й биле́т [fchadnój biljét] > 83 f.
Einwohner/in жи́тель/ница [schýtil/niza]
Eisenbahn желе́зная доро́га [schyljésnaja daróga] > 33 f.
Elektrohandlung магази́н электротова́ров [magasín eliktratawáraf] > 56, 58
Eltern роди́тели m pl [radítili]
Empfang приём [prijóm]
Empfänger получа́тель m [palutschátil] > 119
empfehlen сове́товать [sawjétawat]
enden конча́ться/ко́нчиться [kantschátsja/kóntschitsja]
endgültig оконча́тельный [akantschátilny]
endlich adv наконе́ц [nakanjéz]
englisch англи́йский [anglijski]
Enkel/in внук/вну́чка [wnuk/wnútschka]
entdecken открыва́ть/откры́ть [atkrywát/atkrýt]
entfernt отдалённый [adaljóny]
entgegengesetzt противополо́жный [pratiwapalóschny]

WÖRTERBUCH

entscheiden, s. ~ реша́ть(ся)/реши́ть(ся) [rischát(sja)/rischýt(sja)]
Entschluss реше́ние [rischénije]
entschuldigen (s.) извиня́ть(ся)/извини́ть(ся) [iswinját(sja)/iswinít(sja)] > 14
Entschuldigung извине́ние [iswinjénije]; > 14
enttäuscht разочаро́ванный [rasatschirówany]
entweder … oder … и́ли … и́ли … [íli … íli …]
entwickeln (Fotos ~) проявля́ть/прояви́ть [prajiwlját/prajiwít]
er он [on]
Erde земля́ [simljá]
Erdgeschoss пе́рвый эта́ж [pjérwy etásch]
ereignen, s. ~ происходи́ть/произойти́ [praisschadít/praisajtí]
Ereignis собы́тие [sabýtije]
erfahren (Verb) узнава́ть/узна́ть [usnawát/usnát]
erfreut (über) рад m/ра́да f/ра́ды pl [rat/ráda/rády]
Ergebnis результа́т [risultát]
erhalten (bekommen) получа́ть/получи́ть [palutschát/palutschít]
erholen, s. ~ отдыха́ть [addychát]
erkennen узнава́ть/узна́ть [usnawát/usnát]
erklären объясня́ть/объясни́ть [abjissnját/abjissnít]
erkundigen, s. ~ справля́ться/спра́виться [sprawljátsja/spráwitsja]
erlauben разреша́ть/разреши́ть [rasrischát/rasrischýt]
Erlaubnis разреше́ние [rasrischénije]
erledigen выполня́ть/вы́полнить [wypalnját/wýpalnit]
Ermäßigung льго́та [lgóta]
ernst серьёзный [sirjósny]
erreichen достига́ть/дости́гнуть [dastigát/dastígnut]
Ersatz заме́на [samjéna]
erschöpft уста́лый [ustály]
erschrecken пуга́ться/испуга́ться [pugátsja/ispugátsja]
ersetzen заменя́ть/замени́ть [saminját/saminít]
erst (zuerst) сперва́ [spirwá]
Erwachsen(er) взро́слый [wsróssly]
erzählen расска́зывать/рассказа́ть [raskásywat/raskasát]
Erziehung воспита́ние [waspitánije]
es оно́ [anó]; **es gibt** есть [jest]
essbar съедо́бный [sjidóbny]
Essen еда́ [jidá] > 38 ff., 63 f.
essen есть [jest]
etwa (ungefähr) приблизи́тельно [priblisítilna]
etwas что́-нибудь [schtó-nibut]
euch вас [was]
euer/eure ваш m/ва́ша f/ва́ше n/ва́ши pl [wasch/wáscha/wásche/wáschy]
Euro е́вро [jéwra] > 113 f.
Europa Евро́па [jiwrópa]
Europäer/in европе́ец/европе́йка [jiwrapjéjiz/jiwrapjéjka]

F

Fabrik фа́брика [fábrika], заво́д [sawót]
fahren е́здить, е́хать/пое́хать [jésdit, jéchat/pajéchat]
Fahrkarte биле́т [biljét] > 34, 36
Fahrplan расписа́ние [raspissánije] > 34
Fahrrad велосипе́д [wilassipjét] > 25 ff.
Fahrstuhl подъёмник [padjómnik], лифт [lift]
Fahrt езда́ [jisdá]
fallen па́дать/упа́сть [pádat/upást]
falsch (unrichtig) непра́вильный [niprávilny]; (unecht) фальши́вый [falschýwy]
Familie семья́ [simjá]
Familienname фами́лия [famílija] > 24
Farbe цвет [zwjet] > 4, 114 f.; (Mal~) кра́ска [kráska]
faul (verfault) гнило́й [gnilój]; (träge) лени́вый [liníwy]
fehlen не хвата́ть [ni-chwatát]
Fehler (Irrtum) оши́бка [aschýpka]
Feiertag пра́здник [prásnik] > 20 f.
Feld по́ле [pólje]
Fels скала́ [skalá]
Ferien кани́кулы f pl [kaníkuly]
Ferienhaus да́ча [dátscha] > 11, 74 ff.
Ferngespräch междугоро́дный разгово́р [mischdugaródny rasgawór] > 120
fertig гото́вый [gatówy]
Fest пра́здник [prásnik] > 84
fett жи́рный [schýrny]
feucht сыро́й [syrój]
Feuer ого́нь m [ogón]
Feuerlöscher огнетуши́тель m [agnituschýtil]
Feuermelder пожа́рный извеща́тель [paschárny iswischtschátil]
Feuerwehr пожа́рная кома́нда [paschárnaja kamánda]
Film (Foto etc.) плёнка [pljónka] > 59; (Kino~ etc.) фильм [film] > 3 f.
finden находи́ть/найти́ [nachadít/najtí]
Firma фи́рма [fírma]
Fisch ры́ба [rýba] > 47, 50, 63
Flasche буты́лка [butýlka]
Fleisch мя́со [mjássa] > 46, 50, 63
fliegen лета́ть, лете́ть/полете́ть [litát, litjét/palitjét]
fließen течь [tjetsch]
Flirt флирт [flirt] > 17 f.
Flug полёт [paljót] > 31 ff.
Flughafen аэропо́рт [aerapórt] > 31 ff.
Flugzeug самолёт [samaljót] > 31 ff.
Fluss река́ [riká]
fordern тре́бовать [trjébawat]
Formular бланк [blank], формуля́р [farmuljár]
fort прочь [protsch]

fortsetzen продолжа́ть/продо́лжить [pradalschát/pradólschyt]
Foto фотогра́фия [fatagráfija], сни́мок [snímak]
Fotoartikel фототова́ры [fatatawáry] > 56.59
fotografieren фотографи́ровать/ сфотографи́ровать [fatagrafírawat/ssfatagrafírawat]
Frage вопро́с [waprós]
fragen спра́шивать/спроси́ть [spráschywat/sprassít]
frankieren накле́ивать/накле́ить ма́рку [nakljéiwat/nakljéit márku]
Frau же́нщина [schénschtschina]; (Anrede) госпожа́ [gaspaschá]
frei свобо́дный [swabódny]
fremd (zu anderen gehörig) чужо́й [tschuschój]; (unbekannt) незнако́мый [nisnakómy]; (zugereist) прие́зжий [prijéschy]
Fremde, der/die ~ (Ausländer/in) иностра́нец/ иностра́нка [inastrániz/inastránka]; (Zugereiste/r) прие́зжий/ прие́зжая [prijéschy/prijéschaja]
Fremdenführer гид [git], экскурсово́д [exkurssawót] > 79 f.
Freude ра́дость f [rádast]
freuen, s. ~ ра́доваться [rádawatsja]
Freund/in друг/подру́га [druk/padrúga]
freundlich любе́зный [ljubjésny]
Freundlichkeit любе́зность f [ljubjésnast]
Friede мир [mir]
frieren (jdm ist kalt) adv … хо́лодно [… chóladna]
frisch све́жий [swjéschy]
Frisör парикма́хер [parikmáchir] > 56, 61
froh рад m/ра́да f/ра́ды pl [rat/ráda/rády]
früh adj ра́нний [ránni], adv ра́но [rána]
früher ра́ньше [ránsche]
Frühstück за́втрак [sáftrak] > 48, 70
fühlen, (s. ~) чу́вствовать (себя́) [tschústwawat (sibjá)]
Führerschein води́тельские права́ [wadítilskije prawá]
Führung экску́рсия (с экскурсово́дом) [exkúrssija (s-exkurssawódam)] > 79 f.
Fundbüro стол нахо́док [stol nachódak] > 115
funktionieren рабо́тать [rabótat]
für (zugunsten von) для [dli-…]; (an Stelle von) за [sa-…]
fürchten боя́ться [bajátsja]

G

Gabel ви́лка [wílka]
Gang (Flur) коридо́р [karidór]; (Auto) прохо́д [prachót]
ganz adj це́лый [zély]; adv совсе́м [safsjém]
Garage гара́ж [garásch]
Garantie гара́нтия [garántija]
Garten сад [sat]; (Gemüse~) огоро́д [agarót]
Gast гость m/го́стья f [gost/góstja]
Gastgeber/in (Hausherr/frau) хозя́ин/хозя́йка (до́ма) [chasjáin/chasjájka (dóma)]
Gasthaus (Restaurant) рестора́н [ristarán]
Gebäude зда́ние [sdánije] > 80
geben дава́ть/дать [dawát/dat]
Gebirge го́ры f pl [góry]
geboren (Geburtsdatum) рождённый [raschdjónny]; (geborene) урождённый [uraschdjónny]
Gebühr пла́та [pláta], сбор [sbor]
Geburt рожде́ние [raschdjénije]
Geburtstag день m рожде́ния [djen raschdjénija]
Geburtsdatum да́та рожде́ния [dáta raschdjénija]
Geburtsname де́вичья фами́лия [djéwitschja famílija] > 24
Geburtsort ме́сто рожде́ния [mjésta raschdjénija] > 24
Gedanke мысль f [myssl]
gefährlich опа́сный [apássny]
Gefallen (Wohl~) удово́льствие [udawólstwije]
Gefängnis тюрьма́ [tjurmá] > 118
Gefühl чу́вство [tschústwa]
gegen про́тив [prótif …]
Gegend край [kraj]
Gegenteil противополо́жность f [pratiwapalóschnast]
geheim та́йный [tájny]
gehen ходи́ть, идти́/пойти́ [chadít, iti/pajtí]; (funktionieren) рабо́тать [rabótat]
gehören принадлежа́ть [prinadlischát]
Geistlicher свяще́нник [swischtschénik]
Geld де́ньги f pl [djéngi] > 113 f.
Geldautomat банк-автома́т [bank-aftamát] > 114
Geldbeutel кошелёк [kaschyljók]
Geldstück моне́та [manjéta]
Geldwechsel обме́н де́нег [abmjén djénik] > 113 f.
Gelegenheit слу́чай [slútschaj]
gemeinsam совме́стный [sawmjéssny]; (zusammen) adv вме́сте [wmjéstje]
Gemüse о́вощи m pl [ówaschtschi] > 43, 51, 64
genießen наслажда́ться/наслади́ться [nasslaschdátsja/nassladítsja]
genug adv доста́точно [dastátatschna]
geöffnet откры́тый [atkrýty]
Gepäck бага́ж [bagásch] > 31 f., 34
geradeaus adv пря́мо [prjáma]
Gericht (Justiz) суд [sut] > 118; (Speise) блю́до [bljúda] > 48 ff.
gern охо́тно [achótna]
Geruch за́пах [sápach]
Geschäft де́ло [djéla]; (Laden) магази́н [magasín] > 54 ff.
geschehen случа́ться/случи́ться [slutschátsja/sslutschítsja]
Geschenk пода́рок [padárak]
Geschichte исто́рия [istórija]
geschlossen закры́тый [sakrýty]
Geschmack вкус [fkus]
Geschwindigkeit ско́рость f [skórast]
Gesellschaft о́бщество [ópschtschistwa]
Gespräch разгово́р [rasgawór]

WÖRTERBUCH

gesund здоро́вый [sdarówy]
Gesundheit здоро́вье [sdarówje]
Getränk напи́ток [napítak] > 40, 47, 52 f., 64
getrennt разде́льный [rasdjélny]
Gewicht вес [wjes]
gewinnen выи́грывать/вы́играть [wyígrywat/wýigrat]
gewiss ве́рный [wjérny]
Gewitter гроза́ [grasá]
gibt, es ~ есть [jest]
Gift яд [jat]
Gipfel (Berg~) верши́на [wirschýna]
Glas стекло́ [stikló]; (Wasser~) стака́н [stakán]; (Wein~) бока́л [bakál]; (Schnaps~) рю́мка [rjúmka]
glauben ве́рить (в) [wjérit (f-...)]
gleich ра́вный [rawny], одина́ковый [adinákawy]; (sofort) сейча́с [sijtschass]
glücklich счастли́вый [schtschisslíwy]
Glückwunsch поздравле́ние [pasdrawljénije] > 14
Gott бог [bok]
Gottesdienst богослуже́ние [bagassluschénije]
Grab моги́ла [magíla]
Grad (Celsius) гра́дус [gráduss]
gratulieren, jdm ~ zu ... поздравля́ть/поздра́вить ... с ... [pasdrawlját/pasdráwit ... s-...] > 14
Grenze грани́ца [graníza] > 24
groß большо́й [balschój]; (hoch) высо́кий [wyssóki]; (bedeutend) вели́кий [wilíki]
Größe величина́ [wilitschiná]; (Kleider~) разме́р [rasmjér]
Großmutter ба́бушка [bábuschka]
Großvater де́душка m [djéduschka]
Grund (Ursache) причи́на [pritschína]
Gruppe гру́ппа [grúppa]
grüßen (be~) приве́тствовать [priwjétstwawat]; (von jdm ~) передава́ть/переда́ть приве́т [piridawát/piridát priwjét ...]
gültig действи́тельный [dijstwítilny] > 24
gut adj хоро́ший [charóschy], adv хорошо́ [charaschó]; (~gesonnen) до́брый [dóbry]

H

Haar во́лосы m pl [wólassy] > 61
haben у ... (есть) ... [u-... (jest) ...], (besitzen) име́ть [imjét]
Hafen порт [port] > 35
halb полови́нный [palawínny]
Hallo! Приве́т! [priwjét!]
Halt! Стой! [stoj!]
halten держа́ть [dirschát]; (stehen bleiben) остана́вливаться/останови́ться [astanáwliwatsja/astanawítsja]
Haltestelle остано́вка [astanófka] > 36
Handy моби́льник [mabílnik] > 121
hart твёрдый [twjórdy]
hässlich некраси́вый [nikrassíwy]
häufig adj ча́стый [tschásty], adv ча́сто [tschásta]
Haus дом [dom]
Hausbesitzer домовладе́лец [damawladjéliz]
hausgemacht дома́шний [damáschni] > 42
Haushaltswaren хозя́йственные това́ры [chasjájstwenyje tawáry] > 56, 75 ff.
heilig свято́й [switój]
Heimat ро́дина [ródina]
heimlich adj та́йный [tájny], adv тайко́м [tajkóm]
Heimreise возвраще́ние домо́й [waswraschtschénije damój]
heiraten (eine Frau ~, Mann und Frau) жени́ться (на) [schynítsja (na-...)]; (einen Mann ~) выходи́ть/вы́йти за́муж (за) [wychadit/wýjti sámusch (sa-...)]
heiß горя́чий [garjátschi]; (Wetter etc.) жа́ркий [schárki]
heißen зову́т [sawút]; (von Sachen) называ́ться [nasywátsja]
heiter (fröhlich) весёлый [wissjóly]; (wolkenlos) безо́блачный [bisóblatschny]
Heizung отопле́ние [atapljénije]
helfen помога́ть/помо́чь [pamagát/pamótsch]
hell све́тлый [swjétly]
Herkunft Происхожде́ние [praischaschdjénije] > 16
Herr господи́н [gaspadin]
heute сего́дня [siwódnja]
hier здесь [sdjes]
Hilfe по́мощь f [pómaschtsch]
Himmel не́бо [njéba]
hinlegen класть/положи́ть [klast/palaschýt]
hinsetzen, s. ~ сади́ться/сесть [sadítsja/ssjest]
hinter за [sa-...], позади́ [pasadí]
Hobby хо́бби n [chóbbi] > 16 f.
hoch высо́кий [wyssóki]
Hochzeit сва́дьба [swádba]
hoffen наде́яться [nadjéjitsja]
höflich ве́жливый [wjéschliwy]
Höhe высота́ [wyssatá]
Holz дерево [djeriwa]
Honorar гонора́р [ganarár]
hören (vernehmen) слы́шать/услы́шать [slýschat/usslýschat]; (zu~) слу́шать [slúschat]
Hotel гости́ница [gastíniza] > 8 ff., 68 ff.
hübsch adj краси́вый [krassíwy]
Hügel холм [cholm]
Hund соба́ка [sabáka]
Hunger го́лод [gólat]
hungrig голо́дный [galódny]
Hütte хи́жина [chíschyna]

I

ich я [ja]
Idee иде́я [idjéja]
ihr pers pron вы [wy]; poss pron f её [jijó]
Imbiss заку́ска [sakúska]
immer всегда́ [fsigdá]
imstande sein (быть) в состоя́нии [(byt) f-sastajánii]

in в [f-...]
inbegriffen включённый [fkljutschónny]
informieren (s.) информи́ровать(ся) [infarmírawat(sja)]
Inhalt содержа́ние [sadirschánije]
innen внутри́ [wnutrí]
Innenstadt центр го́рода [zentr górada]
innerhalb внутри́ [wnutrí]; (zeitl.) в тече́ние [f-titschénije]
Insekt насеко́мое [nassikómaje]
Insel о́стров [óstraf]
interessieren, s. ~ интересова́ться [intiris-sawátsja]
international междунаро́дный [mischdunaródny]
irren, s. ~ ошиба́ться/ошиби́ться [aschybátsja/aschybítsja]
Irrtum оши́бка [aschýpka]

J

Jahr год [got]
Jahreszeit вре́мя n го́да [wrjémja góda] > 20
jeder ка́ждый [káschdy]
jedesmal ка́ждый раз [káschdy ras]
jemand (irgend~) кто́-нибудь [któ-nibut]
jetzt сейча́с [sijtschás]
jung молодо́й [maladój]
Junge ма́льчик [máltschik]
Junggeselle холостя́к [chalastják]

K

Kabine каби́на [kabína]
Kaffee ко́фе m [kófje]
kalt холо́дный [chalódny]
Kanal кана́л [kanál]
Kapelle (Kirche) часо́вня [tschissównja]
kaputt сло́манный [slómanny]
Käse сыр [syr] > 45, 64
Kasse ка́сса [kássa]
Katze ко́шка [kóschka]
Kauf поку́пка [pakúpka]
kaufen покупа́ть/купи́ть [pakupát/kupít]
kaum едва́ [jidwá]
Kaution зало́г [salók]
kein никако́й [nikakój]
keinesfalls ни в ко́ем слу́чае [ni f-kójim slútschaje]
Kellner официа́нт [afizyánt]
kennen знать [snat]
kennenlernen знако́миться/познако́миться (с) [snakómitsja/pasnakómitsja (s-...)] > 12 f.
Kind ребёнок [ribjónak] > 116
Kino кино́ [kinó] > 83 f.
Kirche це́рковь f [zérkaf]
Kissen поду́шка [padúschka]
Kleidung оде́жда [adjéschda] > 62 f.
klein ма́ленький [málinki]
Kleingeld ме́лочь f [mjélatsch]
Klima кли́мат [klímat]
Klingel звоно́к [swanók]
klingeln звони́ть/позвони́ть [swanít/paswanít]
klug у́мный [úmny]
Kneipe кафе́ [kafjé], пивна́я [piwnája]
knipsen (Foto) снима́ть/снять [snimát/ssnjat]
kochen вари́ть [warít]; (zubereiten) гото́вить/пригото́вить [gatówit/prigatówit]
Koffer чемода́н [tschimadán]
Kohle у́голь m [úgal]
kommen (zu Fuß ~) приходи́ть/прийти́ [prichadít/prijtí]; (fahrend ~) приезжа́ть/прие́хать [prijischát/prijéchat]; (per Flugzeug ~) прилета́ть/приле́теть [prilitát/prilitjét]
Kompass ко́мпас [kómpas]
Komplimente Комплиме́нты [kamplimjénty] > 15
Kondom презервати́в [prisirwatíf]
Konfession вероисповеда́ние [wiraispawidánije]
können мочь [motsch]; (fähig sein) уме́ть [umjét]
Konsulat ко́нсульство [kónssulstwa]
kontrollieren проверя́ть/прове́рить [prawirját/prawjérit]
Konzert конце́рт [kanzért] > 83 f.
Körper те́ло [tjéla]
kosten сто́ить [stóit]
krank больно́й [balnój] > 109 ff.
Krankenhaus больни́ца [balníza] > 109
Krankenwagen ско́рая по́мощь [skóraja pómaschtsch]
Krankheit боле́знь f [baljésn] > 108 ff.
Kreditkarte креди́тная ка́рточка [kriditnaja kártatschka] > 54, 71, 114
Krieg война́ [wajná]
kritisieren критикова́ть/раскритикова́ть [kritikawát/raskritikawát]
Küche ку́хня [kúchnja]
kühl прохла́дный [prachládny]
Kultur культу́ра [kultúra] > 78 ff.
kümmern, s. ~ um забо́титься о [sabótitsja a-...]
Kurs курс [kurss]
Kurve поворо́т [pawarót]
kurz adj коро́ткий [karótki], adv ко́ротко [kóratka]
kürzlich неда́вно [nidáwna]
küssen целова́ть/поцелова́ть [zylawát/pazylawát]
Küste (морско́й) бе́рег [(marskój) bjérik]

L

lachen (über) смея́ться (над) [smijátsja (nat-...)]
Laden магази́н [magasín]
Lage положе́ние [palaschénije]
Land страна́ [straná]; (Boden, Fest~, Bundes~) земля́ [simljá]
Landkarte (географи́ческая) ка́рта [(giagrafítschiskaja) kárta] > 67
Landschaft край [kraj]
lang дли́нный [dlínny]; (~e Strecke) далёкий [daljóki]; (~e Zeit) до́лгий [dólgi]
Länge длина́ [dliná]

langsam ме́дленный [mjédlinny]
langweilig ску́чный [skútschny]
Lärm шум [schum]
lassen оставля́ть/оста́вить [astawlját/astáwit]
Lastwagen грузови́к [grusawík]
laufen (rennen) бе́гать, бежа́ть/побежа́ть [bjégat, bischát/pabischát]
laut гро́мкий [grómki]
Lautsprecher громкоговори́тель m [gramkagawarítil]
Leben жизнь f [schysn]
leben жить [schyt]
Lebensmittel проду́кты m pl (пита́ния) [pradúkty (pitánija)]; > 43 ff., 63 f.
ledig холосто́й m/незаму́жняя f [chalastój/nisamúschnija] > 24
leer пусто́й [pustój]
legen класть/положи́ть [klast/palaschýt]
leicht adj лёгкий [ljóchki], adv легко́ [lichkó]
leider к сожале́нию [k-saschaljéniju]
leihen (jdm ~) ода́лживать/одолжи́ть [adálschywat/adalschýt]; (von jdm ~) брать/взять взаймы́ (у) [brat/wsjat wsajmý (u-...)]
leise ти́хий [tíchi]
Leiter/in руководи́тель/ница [rukawadítil/niza]
lesen чита́ть [tschitát]
Leute лю́ди m pl [ljúdi]
Licht свет [swjet]
lieb ми́лый [mily]; (wert) дорого́й [daragój]
lieben люби́ть [ljubít]
liebenswürdig любе́зный [ljubjésny]
Lied пе́сня [pjéssnja]
liegen лежа́ть [lischát]
links нале́во [naljéwa]
Loch дыра́ [dyrá]; (Vertiefung) я́ма [jáma]
Löffel ло́жка [lóschka]
Lokal помеще́ние [pamischtschénije]; (Speise~) рестора́н [ristarán] > 38 ff.
löschen туши́ть/затуши́ть [tuschýt/ satuschýt]
Luft во́здух [wósduch]
Lüge ложь f [losch]
lustig (fröhlich) весёлый [wissjóly]; (belustigend) заба́вный [sabáwny]

M

machen де́лать/сде́лать [djélat/sdjélat]
Mädchen (kleines ~) де́вочка [djéwatschka]; (junges ~) де́вушка [djéwuschka]
Mahlzeit еда́ [jidá]
Mal раз [ras]
manchmal иногда́ [inagdá]
Mangel недоста́ток [nidastátak]; (Bedürftigkeit) нужда́ [nuschdá]
Mann мужчи́на [muschtschína]; (Ehe~) муж [musch]
männlich мужско́й [muschskój]
Markt ры́нок [rýnak] > 56, 81
Maschine маши́на [maschýna]
Maß ме́ра [mjéra]
Medikament лека́рство [likárstwa] > 57, 60
Meer мо́ре [mórje]
mehr als бо́льше чем [bólsche tschem ...]
mein(-e, -er, -es) мой m/моя́ f/моё n/мои́ pl [moj/majá/majó/mai]
meinen полага́ть [palagát]
Meinung мне́ние (о) [mnjénije (a-...)]
Mensch sing челове́к [tschilawjék], pl лю́ди [ljúdi]
merken замеча́ть/заме́тить [samitschát/samjétit]
Messe (Handels~) я́рмарка [jármarka]
Messer нож [nosch]
mich меня́ [minjá]
Miete наём [najóm], прока́т [prakát]
mieten брать/взять напрока́т [brat/wsjat naprakát]
Mietwagen прока́тный автомоби́ль [prakátny aftamabíl]] > 9 f., 30 f.
mindestens по ме́ньшей ме́ре [pa-mjénschy mjérje]
minus ми́нус [mínus]
Minute мину́та [minúta]
mir мне [mnje]
misstrauen не доверя́ть [ni-dawirját]
missverstehen не так понима́ть/поня́ть [ni-tak panimát/panját]
mit с [s-...]
mitbringen приноси́ть/принести́ [prinassít/prinistí]
mitnehmen брать/взять с собо́й [brat/wsjat s-sabój]
Mittag по́лдень m [póldin]
Mittagessen обе́д [abjét]
Mitte середи́на [siridína]
mitteilen сообща́ть/сообщи́ть (о) [saapschtschát/ssaapschtschít (a-...)]
Mittel сре́дство [srjétstwa]
Möbel ме́бель f [mjébil]
Mode мо́да [móda] > 62 f.
mögen (gern haben) люби́ть [ljubít]
möglich возмо́жный [wasmóschny]
Moment моме́нт [mamjént]
Monat ме́сяц [mjéssiz] > 20
Mond луна́ [luná]
Morgen у́тро [útra]
morgens у́тром [útram]
Motor дви́гатель m [dwígatil] > 26, 29
Motorrad мотоци́кл [matazýkl] > 25 ff.
Mücke кома́р [kamár]
müde уста́лый [ustály]
Mühe труд [trut]
Müll му́сор [mússar]
Münze моне́та [manjéta]
Museum музе́й [musjéj] > 79 ff.
Musik му́зыка [músyka]
müssen (быть) до́лжен m/должна́ f/ должно́/должны́ pl [(byt) dólschyn/dalschná/ dalschnó/dalschný]
Mutter мать [mat]

N

nach (von ... ~ ...) в [f-...], к [k-...]; (anschließend an) пóсле [pósslje ...]
Nachbar/in сосéд/ка [sassjét/ka]
nachher потóм [patóm]
nachmittags пóсле обéда [pósslje abjéda]
Nacht ночь f [notsch]
nackt гóлый [góly]
nahe блúзкий (к) [blíski (k-...)]
Nahverkehr городскóй трáнспорт [garatskój tránsport] > 36
Name (Vor~) úмя [ímja]; (Vaters~) óтчество [ótschistwa]; (Familien~) фамúлия [famílija]
nass мóкрый [mókry]
Nation нáция [názyja], (Volk) нарóд [narót]
Natur (Umwelt) прирóда [priróda]
natürlich (echt) естéственный [jistjéstwiny]; (gewiss doch) adv конéчно [kanjéschna]
neben рядом с [rjádam s-...]
Neffe племянник [plimjánnik]
nehmen брать/взять [brat/wsjat]
nennen называ́ть/назва́ть [nasywát/naswát]
nett любéзный [ljubjésny]
neu нóвый [nówy]
Neuigkeit нóвость f [nówast]
nicht не [ni-...], нет [njet]
Nichte племянница [plimjániza]
nichts ничегó [nitschiwó]
nie никогдá [nikagdá]
nieder, niedrig нúзкий [níski]
niemand никтó [niktó]
nirgends нигдé [nigdjé]
noch ещё [jischtschó]
Norden сéвер [sjéwir]
normal нормáльный [narmálny]
Notausgang запáсный вы́ход [sapássny wýchat] > 32
Notbremse стоп-крáн [stap-krán] > 34
nötig нýжный [núschny]
Nummer нóмер [nómir]
nur тóлько [tólka]

O

ob ли Fragepartikel [li]
oben наверхý [nawirchú]
Ober (Anrede) официáнт [afizyánt]
Obst фрýкты m pl [frúkty]
oder úли [ili]
Ofen печь f [pjetsch]
offen откры́тый [atkrýty]
öffnen открывáть/откры́ть [atkrywát/atkrýt]
Öffnungszeiten режúм рабóты [rischým rabóty] > 55
oft чáсто [tschásta]
ohne без [bjes-...]
ohnmächtig в óбмороке [w-óbmarakje]
Öl мáсло [mássla]
Onkel дядя [djádja]
Optiker óптик [óptik] > 56, 64
Ort мéсто [mjésta]
Ortschaft посёлок [passjólak]
Osten востóк [wastók]
Österreich Áвстрия [áfstrija]
Ozean океáн [akián]

P

Paar, ein ~ пáра [pára]
Päckchen посы́лка [passýlka]
packen упакóвывать/упаковáть [upakówywat/upakawát]
Paket пакéт [pakjét] > 109
Panne авáрия [awárija] > 26, 29
Papiere докумéнты [dakumjénty] > 118
Park парк [park]
parken стáвить/постáвить машúну [stáwit/pastáwit maschýnu] > 25
Pass (Ausweis) пáспорт [páspart]; (Gebirgs~) гóрный перехóд [górny pirichót]
Passagier пассажúр/ка [passaschýr/ka]
passieren (sich ereignen) случáться/случúться [slutschátsja/sslutschítsja]
Passkontrolle пáспортный контрóль [páspartny kantról] > 24
Pension пансиóн [panssión] > 10 f., 68 ff.
Person лúчность f [lítschnast]
Personal персонáл [pirssanál]
Personalausweis (общеграждáнский) пáспорт [(apschtschigraschdánski) páspart]
Personalien дáнные f pl о лúчности [dánnyje a-lítschnasti]
Pfand залóг [salók]
Pflanze растéние [rastjénije]
Platz плóщадь f [plóschtschat]; (Ort; Sitz~) мéсто [mjésta]
plötzlich adj внезáпный [wnisápny], adv вдруг [wdruk]
plus плюс [pljus]
Politik полúтика [palítika]
Polizei милúция [milízyja] > 117 f.
Portier швейцáр [schwijzár]
Postamt почтáмт [patschtámt] > 118 f.
Preis ценá [zyná]
Priester свящéнник [swischtschénnik]
probieren прóбовать/попрóбовать [próbawat/papróbawat]
Programm прогрáмма [pragrámma] > 78 ff.
Prozent процéнт [prazént]
prüfen проверять/провéрить [prawirját/prawjérit]
pünktlich пунктуáльный [punktuálny]
putzen убирáть/убрáть [ubirát/ubrát]

Q

Qualität кáчество [kátschistwa]
Quelle истóчник [istótschnik]
quittieren распúсываться/расписáться [raspíssywatsja/raspissátsja]

WÖRTERBUCH

R

Rabatt ски́дка [skítka]
Rad fahren ката́ться на велосипе́де [katátsja na-wilassipjédje] > 25 ff., 68
Radio ра́дио [rádia]
Rampe накло́нный въезд [naklónny wjest]
Rand край [kraj]
rasch ско́рый [skóry]
Rasen газо́н [gasón]
Raststätte автостоя́нка (для о́тдыха на доро́ге) [aftastajánka (dli-óddycha na-darógje)]
raten (be~) сове́товать [sawjétawat]; **(er~)** отга́дывать/отгада́ть [adgádywat/adgadát]
Rathaus ра́туша [rátuscha]
rauchen (Tabak) кури́ть [kurít]
Raucher куря́щих [kurjáschtschich]
Raum помеще́ние [pamischtschénije]
rechnen (aus~) вычисля́ть/вы́числить [wytschisslját/wýtschisslit]
Rechnung счёт [schtschót]
Recht пра́во [práwa]
Recht haben (быть) прав m/права́ f/пра́вы pl [(byt) praf/prawá/práwy]
rechts напра́во [napráwa]
rechtzeitig adv во́время [wówrimja]
reden говори́ть (о) [gawarít (a-...)]
Regierung прави́тельство [prawítilstwa]
Regen дождь m [doscht]
reich бога́тый [bagáty]
reinigen чи́стить/почи́стить [tschístit/patschístit]
Reise пое́здка [pajéstka]
Reisebüro бюро́ путеше́ствий [bjuró putischéstwi]
Reiseführer путеводи́тель m [putiwodítil]
reisen путеше́ствовать [putischéstwawat]
Reisepass загран́ичный па́спорт [sagranítschny páspart] > 24, 118
Reiseroute маршру́т [marcchrút]
Reisescheck тури́стский чек [turístski tschek] > 113 f.
reklamieren реклами́ровать [riklamírawat] > 40, 70
Reparatur ремо́нт [rimónt]
Reservierung брони́рование [branírawanije] > 8 f., 38, 69
Rest оста́ток [astátak]
Restaurant рестора́н [ristarán] > 38 ff.
retten спаса́ть/спасти́ [spassát/spastí]
Rezeption администра́ция [administrázyja] > 39 f.
richtig пра́вильный [práwilny]
Richtung направле́ние [naprawljénije]
riechen (Geruch wahrnehmen) ню́хать/ пою́хать [njúchat/panjúchat]; (Geruch ausströmen) па́хнуть [páchnut]
Risiko риск [risk]
Rollstuhl инвали́дная коля́ска [inwalidnaja kaljáska]
Route маршру́т [marschrút]
Rückkehr возвраще́ние [waswraschtschénije]
rufen звать/позва́ть [swat/paswát]
Ruhe споко́йствие [spakójstwije]
ruhig споко́йно [spakójna]; (still) ти́хий [tichi]
rund кру́глый [krúgly]
Russland Росси́я [rassíja]
Russe/Russin ру́сский/ру́сская [rúski/rúskaja]
russisch ру́сский [rúski]

S

Saal зал [sal]
Sache вещь f [wjeschtsch]; (Angelegenheit) де́ло [djéla]
sagen говори́ть/сказа́ть [gawarít/skasát]
Saison сезо́н [sisón]
sammeln собира́ть/собра́ть [sabirát/ssabrát]
satt сы́тый [sýty]
sauber чи́стый [tschísty]
schade, es ist ~ жаль [schal]
schaden вреди́ть/повреди́ть [wridít/pawridít]
Schadenersatz возмеще́ние уще́рба [wasmischtschénije uschtschérba]
schädlich вре́дный [wrjédny]
Schalter (el.) выключа́тель m [wykljutschátil]; (Fahrkarten~ etc.) око́шко [akóschka]
schauen гляде́ть [glidjét]; (an~) смотре́ть [smatrjét]
Scheck чек [tschek] > 113 f.
schenken дари́ть/подари́ть [darít/padarít]
Scherz шу́тка [schútka]
schicken посыла́ть/посла́ть [passylát/passlát]
Schiff кора́бль [karábl] > 35
Schild (Hinweis~) указа́тель m [ukasátil]
schimpfen руга́ть/вы́ругать [rugát/wýrugat]
schlafen спать [spat]
schlank стро́йный [strójny]
schlecht плохо́й [plachój]
schließen закрыва́ть/закры́ть [sakrywát/sakrýt]
Schloss (Palast) за́мок [sámak]; (Tür~) замо́к [samók]
Schlüssel ключ [kljutsch]
Schmerzen боль f [bol]
Schmuck украше́ния n pl [ukraschénija] > 65
schmuggeln провози́ть/провезти́ контра-ба́ндой [prawasít/prawistí kantrabándaj]
schmutzig гря́зный [grjásny]
schneiden ре́зать/наре́зать [rjésat/narjésat]
schneien: es schneit идёт снег [idjót snjek]
schnell бы́стрый [býstry]
Schnellimbiss заку́ска [sakúska] (~bude) заку́сочная [sakússatschnaja]
schon уже́ [usché]
schön краси́вый [krassíwy]
schrecklich ужа́сный [uschássny]
schreiben писа́ть [pissát]
Schreibwaren канцтова́ры [kanztawáry] > 66 f.
schreien крича́ть [kritschát]
schriftlich пи́сьменный [píssminy]
schüchtern ро́бкий [rópki]

Schuh (~werk) о́бувь f [óbuf] > 65 f.
Schuld вина́ [winá]; (Geld; Pflicht) долг [dolk]
schulden (быть) до́лжен m/должна́ f/ должны́ pl [(byt) dólschyn/dalschná/dalschný]
Schuss вы́стрел [wýstril]
Schutz охра́на [achrána]
schwach сла́бый [sláby]
schwanger бере́менная [birjéminaja]
Schweiz Швейца́рия [schwijzárija]
Schweizer/in швейца́рец/швейца́рка [schwijzáriz/schwijzárka]
schwer тяжёлый [tischóly]
Schwester сестра́ [sistrá]
schwierig тру́дный [trúdny]
Schwimmbad бассе́йн [bassjéjn]
schwimmen пла́вать, плыть/поплы́ть [pláwat, plyt/paplýt] > 85 ff.
schwindlig подве́рженный головокруже́нию [padwjérschynny galawakruschéniju]
schwitzen поте́ть/вспоте́ть [patjét/fspatjét]
See (der ~) о́зеро [ósira]; (die ~) мо́ре [mórje]
sehen ви́деть/уви́деть [wídit/uwídit]; (an~) смотре́ть [smatrjét]
Sehenswürdigkeiten достопримеча́тельности f pl [dastaprimitschátilnasti] > 78 ff.
sehr о́чень [ótschin]
sein быть [byt]
seit (~ Zeitpunkt) с [s-...]; (~ Zeitraum) уже́ … как … [usché ... kak ...]
Sekunde секу́нда [sikúnda]
Selbstbedienung самообслу́живание [samaapslúschywanije]
selten ре́дкий [rjétki]
senden (per Post ~) посыла́ть/посла́ть [passylát/ passlát]
Sendung (Fernseh~) переда́ча [piridátscha]
servieren сервирова́ть [sirwirawát]
setzen сажа́ть/посади́ть [saschát/passadít]
Sex секс [sjex]
sicher безопа́сный [bisapássny]; (wahrscheinlich) наве́рное [nawjérnaje]
Sicherheit безопа́сность f [bisapássnast]; (Garantie) гара́нтия [garántija]
Sicherung (elektrische ~) предохрани́тель [pridachranítil]
Sicht вид [wit]
sichtbar ви́дный [wídny]
sie pers pron f она́ [aná]; pl они́ [aní]
Sie (Höflichkeitsform) Вы [wy]
singen петь [pjet]
sitzen сиде́ть [sidjét]
Smalltalk Лёгкая све́тская бесе́да [ljóchkaja swjétskaja bisjéda] > 15 ff.
so так [tak]
sofort сейча́с [sijtschás]
sogar да́же [dásche]
Sohn сын [syn]
sollen (быть) до́лжен m/должна́ f/должно́ n/должны́ pl [(byt) dólschyn/ dalschná/dalschnó/dalschný]
Sonne со́лнце [sónze]
Sonnenbrille тёмные очки́ n pl [tjómnyje atschkí]
sonnig со́лнечный [sólnitschny]
sorgen (~ für) забо́титься (о) [sabótitsja (a-...)]
Sorte сорт [sort]
Souvenirs сувени́ры [suwiníry] > 66
Spaß (Vergnügen) поте́ха [patjécha]
spät по́здний [pósni]
später по́зже [pósche]
spazieren gehen гуля́ть [gulját]
Speisekarte меню́ n [minjú] > 48 ff.
spielen игра́ть [igrát]
Spielzeug игру́шка [igrúschka]
Sport спорт [sport] > 17, 85 ff.
Sprache язы́к [jisýk]
sprechen говори́ть [gawarít]
Staat госуда́рство [gassudárstwa]
Staatsangehörigkeit гражда́нство [graschdánstwa], по́дданство [pódanstwa]
Stadt го́род [górat]
Stadtplan план го́рода [plan górada] > 67, 78
Stadtrundfahrt экску́рсия по го́роду [exkúrssija pa-góradu] > 78, 81
stammen происходи́ть [praisschadít]
statt вме́сто [wmjésta]
stattfinden состоя́ться pf [sastajátsja]
stechen коло́ть/кольну́ть [kalót/kalnút]; (Insekt etc.) куса́ть/укуси́ть [kussát/ukussít]
stehen стоя́ть [staját]
stehen bleiben остана́вливаться/останови́ться [astanáwliwatsja/astanawítsja]
stehlen красть/укра́сть [krast/ukrást]
steigen поднима́ться/подня́ться [padnimátsja/padnjátsja]
steil круто́й [krutój]
Stein ка́мень m [kámin]
stellen ста́вить/поста́вить [stáwit/pastáwit]
sterben умира́ть/умере́ть [umirát/umirjét]
Stern звезда́ [swisdá]
Stil стиль m [stil]
still ти́хий [tíchi]
Stimme го́лос [gólas]
Stockwerk эта́ж [etásch]
Stoff (Textil) ткань f [tkan]
stören меша́ть [mischát]
stornieren аннули́ровать [annulírawat]
Störung поме́ха [pamjécha]
stoßen толка́ть/толкну́ть [talkát/talknút]
Strafe наказа́ние [nakasánije]; (Geld~) штраф [schtraf]
Strand пляж [pljasch] > 85 ff.
Straße (Stadt) у́лица [úliza]; (Land~) доро́га [daróga]
Straßenkarte ка́рта автомоби́льных доро́г [kárta aftamabílnych darók] > 29
Strauß буке́т [bukjét]

Strecke (Distanz) расстоя́ние [rastajánije]; (Route) маршру́т [marschrút]
Strom (elektrischer) ток [tok]
Stück (Teil von etw.) кусо́к [kussók]; (ein Ganzes) шту́ка [schtúka]
studieren учи́ться [utschítsja]
Stuhl стул [stul]
Stunde час [tschass]
suchen иска́ть [iskát]
Süden юг [juk]
Summe су́мма [súmma]
Supermarkt суперма́ркет [supirmárkit]

T

Tabak таба́к [tabák]
Tag день m [djen]
Tankstelle автозапра́вочная ста́нция (АЗС) [aftasaprа́watschnaja stánzyja (a-se-és)] > 25
Tante тётя [tjótja]
tanzen танцева́ть [tanzywát] > 82
Tätigkeit де́ятельность f [djéjitilnast]
tauschen меня́ть/поменя́ть [minját/paminját]
täuschen, s. ~ заблужда́ться [sabluschdátsja]
Taxi такси́ n [taxí] > 37
Teil часть f [tschast]
teilnehmen (an) уча́ствовать (в) [utschástwawat (f-...)]
Telefon телефо́н [tilifón] > 119 f.
telefonieren (anrufen) звони́ть/позвони́ть [swanít/paswanít] > 119 ff.
Temperatur температу́ра [timpiratúra]
Termin (Arzt~) да́та [dáta]; (Verabredung) встре́ча [fstrjétscha]; (Frist) срок [srok]
teuer adj дорого́й [daragój], adv до́рого [dóraga]
Theater теа́тр [tiátr] > 83 f.
tief adj глубо́кий [glubóki], adv глубоко́ [glubakó]; (niedrig) ни́зкий [níski]
Tier живо́тное [schywótnaje]
Tisch стол [stol]
Tochter дочь [dotsch]
Tod смерть f [smjert]
Toilette туале́т [tualjét] > 39, 70, 121
Ton (Klang) звук [swuk]; (Lehm) гли́на [glína]
Töpferei гонча́рная мастерска́я [gantschárnaja mastirskája]
tot мёртвый [mjórtwy]
traurig печа́льный [pitschálny]
treffen встреча́ть/встре́тить [fstritschát/fstrjétit]
Treppe ле́стница [ljéssniza]
treu ве́рный [wjérny]
trinken пить/вы́пить [pit/wýpit]
Trinkgeld чаевы́е [tschijiwýje] > 37, 41 f.
Trinkwasser питьева́я вода́ [pitjiwája wadá]
trotz несмотря́ на [nissmatrjá na-...]
trotzdem всё-таки [fsjó-taki]
tschüs пока́ [paká]
tun де́лать/сде́лать [djélat/sdjélat]
Tunnel тонне́ль m [tannjél]
Tür дверь f [dwjer]

typisch типи́чный [tipítschny]

U

U-Bahn метро́ [mitró] > 36
Übelkeit тошнота́ [taschnatá]
über (räumlich) над [nat-...]; (mehr als) бо́лее [bólije]
überall везде́ [wisdjé]
überfallen напада́ть/напа́сть (на) [napadát/napást (na-...)]
überholen (Verkehr) обгоня́ть/обогна́ть [abganját/abagnát]
übernachten ночева́ть/переночева́ть [natschiwát/pirinatschiwát] > 8 ff., 68 ff.
übersetzen переводи́ть/перевести́ (с ... на ...) [piriwadít/piriwistí (s-... na-...)]
überweisen (Geld) переводи́ть/перевести́ [piriwadít/piriwistí]
Ufer бе́рег [bjérik]
Uhr часы́ m pl [tschissý]
Uhrzeit вре́мя по часа́м [wrjémja pa-tschissám] > 18 f.
umarmen обнима́ть/обня́ть [abnimát/abnját]
umbuchen меня́ть/поменя́ть [minját/paminját] > 31, 33
Umleitung объе́зд [abjést]
umsonst (gratis) беспла́тно [bisplátna]; (vergeblich) напра́сно [naprássna]
umsteigen переса́живаться/пересе́сть [pirissáschywatsja/pirissjést]
umtauschen обме́нивать/обменя́ть [abmjéniwat/abminját]
Umwelt (окружа́ющая) среда́ [(akruschájuschtschaja) sridá]
umziehen переезжа́ть/перее́хать [pirijischát/pirijéchat]
unbedingt adv непреме́нно [niprimjénna]
unbekannt неизве́стный [niiswjéssny]
und и [i], а [a]
Unfall (Unglück) несча́стный слу́чай [nischtschássny slútschaj] > 26 f.
unfreundlich нелюбе́зный [niljubjésny]
ungefähr приме́рный [primjérny]
ungern неохо́тно [niachótna]
ungesund (schädlich) вре́дный [wrjédny]
ungewiss (zweifelhaft) сомни́тельный [samnítilny]
Unglück несча́стие [nischtschástije]
unglücklich несча́стный [nischtschássny]
ungültig недействи́тельный [nidijstwítilny]
unhöflich неве́жливый [niwjéschliwy]
Unkosten издéржки f pl [isdjérschki]
unmöglich невозмо́жный [niwasmóschny]
uns (wem?) нам [nam], (wen?) нас [nas]
unschuldig неви́нный [niwínny]
unser(e) наш m/на́ша f/на́ше n/на́ши pl [nasch/náscha/násche/náschy]
unter под [pat-...]; adj ни́жний [níschni]

unterbrechen перебивáть/перебúть [piribiwát/piribít]
Unterführung тоннéль m [tannjél]
Unterhaltung разговóр [rasgawór]; (Vergnügung) развлечéние [raswlitschénije] > 82 ff.
Unterkunft ночлéг [natschljék] > 8 ff., 68 ff.
Unterschied рáзница [rásniza]
Unterschrift пóдпись f [pótpis]
Untersuchung осмóтр [assmótr]
unterwegs в дорóге [w-darógje]
unverschämt бесстыдный [bistýdny]
unwohl sein нездорóвиться [nisdaróvitsja]
Urlaub óтпуск [ótpusk]
Ursache причúна [pritschína]
urteilen рассуждáть/рассудúть [rassuschdát/rassudít]

V

Vater отéц [atjéz]
Verabredung встрéча [fstrjétscha] > 17 f.
verabschieden, s. ~ прощáться/простúться (с) [praschtschátsja/prastítsja (s-...)] > 14
verändern изменя́ть/изменúть [isminját/isminít]
Veranstaltung мероприя́тие [miraprijátije] > 83 f.
Veranstaltungskalender план мероприя́тий [plan miraprijáti]
Verband (Binde) повя́зка [pawjáska]
verboten! adv запрещенó! [saprischtschinó!]
verdienen (Geld) зарабáтывать/заработать [sarabátywat/sarabótat]
verdorben испóрченный [ispórtschiny]
vereinbaren договáриваться/договорúться [dagawáriwatsja/dagawarítsja]
Vergangenheit прóшлое [próschlaje]
vergessen забывáть/забы́ть [sabywát/sabýt]
Vergewaltigung изнасúлование [isnassílawanije] > 118
Vergiftung отравлéние [atrawljénije] > 113
Vergnügen удовóльствие [udawólstwije]; (Vergnügung) развлечéние [raswlitschénije]; > 82 ff.
verheiratet (mit einer Frau ~) женáтый [schynáty]; (mit einem Mann ~) замýжняя [samúschnija]
Verhütungsmittel противозачáточное срéдство [pratiwasatschátatschnaje srjétstwa]
verirren, s. ~ сбивáться/сбúться с дорóги [sbiwátsja/sbítsja s-darógi]
Verkauf продáжа [pradáscha]
Verkehr (Straßen~) движéние [dwischénije]
Verkehrsamt бюрó обслýживания турúстов [bjuró apslúschywanija turístaf]
verlängern (zeitlich fortsetzen) продолжáть/продóлжить [pradalschát/pradólschyt]
verlieren терять/потеря́ть [tirját/patiriját]
Verlust потéря [patjérja]
vermieten сдавáть/сдать напрокáт [sdawát/sdat naprakát]
versäumen упускáть/упустúть [upuskát/upustít]
verschieben (verlegen) отклáдывать/отложúть [atkládywat/atlaschýt]
verschieden разлúчный [raslítschny]
verschreiben выпúсывать/вы́писать [wypíssywat/wýpissat]
Versicherung страховáние [strachawánije]
verspäten, s. ~ опáздывать/опоздáть [apásdywat/apasdát]
Versprechen обещáние [abischtschánije]
verständigen, jdn ~ давáть/дать знать [dawát/dat snat]
verstehen понимáть/поня́ть [panimát/panját]
versuchen (sich bemühen) пытáться/ попытáться [pytátsja/papytátsja]
Vertrag договóр [dagawór]
verunglücken пострадáть pf от несчáстного слýчая [pastradát at-nischtschássnawa slútschaja]
verwandt рóдственный [rótstwiny]
verwechseln пýтать/перепýтать [pútat/piripútat]
verzeihen прощáть/простúть [praschtschát/prastít]
verzollen оплáчивать/оплатúть пóшлину (за) [aplátschiwat/aplatít póschlinu (sa-...)]
viel мнóго [mnóga]
vielleicht мóжет быть [móschyt byt]
Visum вúза [wísa] > 24
Volk нарóд [narót]
voll пóлный [pólny]
Vollpension пóлный пансиóн [pólny panssión] > 70, 72
vor пéред [pjérit-...]; (~ einem Zeitpunkt) до [da-...]; (~ einem Zeitraum) ... томý назáд [... tamú nasát]
Voranmeldung предварúтельная зая́вка [pridwarítilnaja sajáfka]
Voraus, im ~ зарáнее [saránije]
vorher (zuvor) перед тем [piri-tjém]
vormittags до обéда [da-abjéda]
Vorname úмя [ímja]
Vorort, Vorstadt прúгород [prígarat]
Vorsaison врéмя до начáла сезóна [wrjémja da-natschála sisóna]
Vorschrift предписáние [pritpissánije]
Vorsicht осторóжность f [astaróschnast]
Vorstellung представлéние [pritstawljénije]
Vorverkauf предварúтельная продáжа [pridwarítilnaja pradáscha] > 84
Vorwahlnummer телефóнный код [tilifónny kot]

W

wach бóдрствующий [bódrstwujuschtschi]
wählen выбирáть/вы́брать [wybirát/wýbrat]
wahr вéрный [wjérny]
während во врéмя [wa-wrjémja]
wahrscheinlich вероя́тный [wirajátny]
Währung валю́та [waljúta] > 114
Wald лес [ljess]
Wanderkarte турúстская кáрта [turístskaja kárta]

wandern ходи́ть, идти́/пойти́ в похо́д [chadít ití/pajtí f-pachót], путеше́ствовать пешко́м [putischéstwawat pischkóm]

Wann? Когда́? [kagdá?]

Seit wann? С како́го вре́мени? [s-kakówa wrjémini?]

warm тёплый [tjóply]

warten ждать/подожда́ть [schdat/padaschdát]

Wartesaal зал ожида́ния [sal aschydánija]

Wartezimmer приёмная [prijómnaja]

Warum? Почему́? [patschimú?]

was что [schto]

waschen мыть/вы́мыть [myt/wýmyt]; (Wäsche ~) стира́ть/вы́стирать [stirát/wýstirat]

Wasser вода́ [wadá]

wechseln (Geld ~) разме́нивать/разменя́ть [rasmjéniwat/rasminját]

wecken буди́ть/разбуди́ть [budít/rasbudít]

Weg доро́га [daróga], путь m [put]

weg прочь [protsch]

weggehen уходи́ть/уйти́ [uchadít/ujtí]

Wegweiser доро́жный указа́тель [daróschny ukasátil]

weiblich же́нский [schénski]

weich мя́гкий [mjáchki]

weil потому́ что [patamú schto]; (da) так как [tak kak]

weinen пла́кать/попла́кать [plákat/paplákat]

weiß бе́лый [bjély]

weit adj далёкий [daljóki], adv далеко́ [dalikó]

Welcher/Welche/Welches? Како́й/Кака́я/Како́е? [kakój/kakája/kakóje?]

Welt мир [mir], свет [swjet]

Wem? Кому́? [kamú?]

Wen? Кого́? [kawó?]

wenig ма́ло [mála]

Wer? Кто? [kto?]

werden станови́ться/стать [stanawítsja/stat]

Werkstatt мастерска́я [mastirskája] > 26, 30

werktags рабо́чий день [rabótschi djen]

wertvoll це́нный f [zénny]

Wessen? Чей/Чья/Чьи? [tschej/tschja/tschij?]

Westen за́пад [sápat]

Wetter пого́да [pagóda] > 21

wichtig ва́жный [wáschny]

wie как [kak]

Wie lange? Как до́лго? [kag dólga?]

Wie viel? Ско́лько? [skólka?]

wieder опя́ть [apját]

wiederholen повторя́ть/повтори́ть [paftarját/paftarít]

wiederkommen возвраща́ться/возврати́ться [waswraschtschátsja/waswratítsja]

wiedersehen вновь ви́деться/уви́деться [wnof wíditsja/uwíditsja]

wiegen (ab~) взве́шивать/взве́сить [wswjéschywat/wswjéssit]; (Gewicht haben) ве́сить [wjéssit]

Willkommen! Добро́ пожа́ловать! [dabró paschálawat!]

wir мы [my]

Wirt/in хозя́ин/хозя́йка [chasjáin/chasjájka]

Wo? Где? [gdje?]

Woche неде́ля [nidjélja] > 20

Woher? Отку́да? [atkúda?]

Wohin? Куда́? [kudá?]

wohnen жить [schyt]

Wohnort, Wohnsitz местожи́тельство [mistaschýtilstwa]

Wohnung кварти́ра [kwartíra]

wollen хоте́ть/захоте́ть [chatjét/sachatjét]

Wort сло́во [slówa]

wünschen жела́ть/пожела́ть [schylát/paschylát]

Wurst колбаса́ [kalbassá]

wütend бе́шеный [bjéschyny]

Z

Zahl число́ [tschissló]

zahlen плати́ть/заплати́ть [platít/saplatít]

Zahlung платёж [platjósch]

Zahnarzt зубно́й врач [subnój wratsch] > 108

zeigen пока́зывать/показа́ть [pakásywat/pakasát]

Zeit вре́мя n [wrjémja] > 18 ff.

Zeitschrift журна́л [schurnál] > 67

Zeitung газе́та [gasjéta] > 67

zerbrechlich ло́мкий [lómki]

zerstören разруша́ть/разру́шить [rasruschát/rasrúschyt]

Zeuge/Zeugin свиде́тель/ница [swidjétil/niza]

Zigarette сигаре́та [sigarjéta]; (~ mit Pappmundstück) папиро́са [papiróssa]

Zimmer ко́мната [kómnata]

Zoll (Abgabe) по́шлина [póschlina]; (Institution) тамо́жня [tamóschnja]

zornig гне́вный [gnjéwny]

zu к [k-…]; (geschlossen) закры́тый [sakrýty]

Zug (Eisenbahn~) по́езд [pójist] > 33 f.

zumachen закрыва́ть/закры́ть [sakrywát/sakrýt]

zurück наза́д [nasát]

zusammen вме́сте [wmjéstje]

zusätzlich дополни́тельный [dapalnítilny]

zuschauen смотре́ть/посмотре́ть [smatrjét/passmatrjét]

Zuschlag допла́та [dapláta]

zuschließen (abschließen) запира́ть/запере́ть [sapirát/sapirjét]

zuständig соотве́тствующий [saatwjétstwujuschtschi]

zu viel сли́шком [slíschkam]

zwischen ме́жду [mjéschdu]

> BLOSS NICHT!

So vermeiden Sie Fettnäpfe

Insider Tipps

Unglücksboten *

Blumen sind der Klassiker aller Gastgeschenke, auch heutzutage, auch in Russland. Aber Augen auf beim Blumenkauf – und immer schön mitrechnen: Eine gerade Zahl bringt Unglück. Falls das Essen angebrannt ist, sollten Sie also schnell noch mal nachzählen.

Schlappen vermeiden

Es müssen nicht unbedingt Manolo Blahniks sein oder handgenähte Budapester aus feinstem italienischem Leder, aber schaden tun die Edeltreter auch nicht. Russen schauen Ihnen auf die Füße, und wenn die nicht ordentlich bekleidet sind, dann haben Sie schon verloren – schmutzige Schuhe, schlechte Karten.

Niemals oben ohne

Nicht nur, wenn die wilden Winde aus der Taiga durch die Straßen toben – „oben ohne" ist im russischen Winter definitiv die falsche Entscheidung. Mitleidige Blicke sind dabei noch die angenehmste Begleiterscheinung, ein Satz tiefgefrorener Ohren die wahrscheinlichere. Deshalb: vor dem Rausgehen Mützenalarm!

Geheime Orte

Sie müssen mal? In Russland? Niemals! Oder besser: Sie zeigen es nicht. Fragen Sie, wo Sie sich mal die Hände waschen können. Oder die Nase pudern. Dann wird Ihnen schon der Weg zur Toilette gewiesen. In russischen Theatern könnten Sie übrigens auch um eine Zigarette bitten. Dann wird man Sie zum „Rauchsalon" – nämlich zum WC – geleiten!

Neugierig? Geschenkt!

Wer packt nicht gerne Geschenke aus? Die Russen! Zumindest dann, wenn der Schenkende dabei ist. Wer's trotzdem nicht erwarten kann, gilt als unhöflich und neugierig. Das Gute daran: Man bedankt sich herzlich – und muss selbst beim kitschigsten Mitbringsel keine Freude vortäuschen.

Gruß und Kuss

Es gibt ihn noch, den sozialistischen Bruderkuss, nämlich einmal rechts, einmal links, einmal rechts. Aber, Breschnew und Co. mal beiseite: Umarmen und Schulterklopfen reicht unter Männern auch. Übrigens: Der Ältere begrüßt immer den Jüngeren zuerst und Frauen geben Männern die Hand, nicht umgekehrt. Kompliziert? Das wird schon!